PORTUGAL-EUROPA. 25 ANOS DE ADESÃO

PORTUGAL-EUROPA. 25 ANOS DE ADESÃO

MARIA MANUELA TAVARES RIBEIRO
Coordenação

COLECÇÃO ESTUDOS SOBRE A EUROPA

COORDENAÇÃO
Maria Manuela Tavares Ribeiro

PORTUGAL-EUROPA. 25 ANOS DE ADESÃO

EDITOR
EDIÇÕES ALMEDINA, SA
Rua Fernandes Tomás nºs 76, 78, 80
3000-167 Coimbra
Tel.: 239 851 904 · Fax: 239 851 901
www.almedina.net · editora@almedina.net

PRÉ-IMPRESSÃO | IMPRESSÃO | ACABAMENTO
G.-C. GRÁFICA DE COIMBRA, LDA.
Palheira – Assafarge
3001-453 Coimbra
producao@graficadecoimbra.pt

Maio, 2012

DEPÓSITO LEGAL
343802/12

Os dados e as opiniões inseridos na presente publicação
são da exclusiva responsabilidade do(s) seu(s) autor(es).

Toda a reprodução desta obra, por fotocópia ou outro qualquer
processo, sem prévia autorização escrita do Editor, é ilícita
e passível de procedimento judicial contra o infractor.

Biblioteca Nacional de Portugal – Catalogação na Publicação

PORTUGAL-EUROPA

Portugal-Europa. 25 anos de adesão / coord. Maria Manuela
Tavares Ribeiro. – (Estudos sobre a Europa)
ISBN 978-972-40-4571-9

I – RIBEIRO, Maria Manuela Tavares

CDU   32(469)"1986/2011"(042)
       32(4-67UE)"1986/2011"(042)

Com a colaboração de:

Grupo de Investigação 2 – Portugal, Europa e o Mundo

Com o apoio de:

FCT
Fundação para a Ciência e a Tecnologia
MINISTÉRIO DA CIÊNCIA E DA TECNOLOGIA

Programa Operacional Ciência, Tecnologia, Inovação do Quadro Comunitário de Apoio III

Índice

Maria Manuela Tavares Ribeiro
Introdução 9

José Medeiros Ferreira
Metamorfoses e Negociação na União Europeia 13

José Reis
Portugal e a Europa: agendar um reencontro? 35

Luís Andrade
Os Açores e o poder funcional de Portugal 49

Carlos Amaral
Autonomia Regional e Liberdade
25 Anos de Integração Europeia dos Açores 59

Nuno Severiano Teixeira
Os desafios da Defesa Europeia: do Tratado de Lisboa ao novo conceito estratégico da NATO 73

Adriano Moreira
A integração de Portugal na Europa 89

Resumos 105

Abstracts 109

Maria Manuela Tavares Ribeiro

Introdução

O processo de integração europeia de Portugal é um fenómeno que se insere numa evolução muitas vezes interrompida mas historicamente inevitável. Foi a revolução de 25 de Abril de 1974 e a consequente democratização de Portugal que fizeram equacionar em outros moldes a nova participação portuguesa na Europa. Criaram-se então as condições de integração num empreendimento europeu, ou seja, num "projecto supranacional" de vocação democrática, pluralista, de tolerância ideológica, de preservação da identidade nacional. Era já irreversível o processo de uma "redefinição dos objectivos estratégicos nacionais". Estava em marcha a dinâmica de uma evolução política no sentido de privilegiar o pedido de adesão de Portugal às Comunidades Europeias. Pode dizer-se que essa adesão era ditada como um passo decisivo para o "reencontro com uma vocação histórica de abertura". Mas reencontro não significa regresso. Reencontro é sinónimo de "redescoberta". E esta passava pelo necessário reposicionamento de Portugal na Europa e no mundo. Assim, Portugal prosseguia "o seu caminho histórico".

Reúnem-se neste volume os estudos de prestigiados especialistas cuja análise e reflexão nos permitem compreender melhor esse novo ciclo histórico vivido em Portugal há 25 anos.

Aos Autores, o meu vivo agradecimento pela sua frutuosa colaboração.

À Fundação para a Ciência e a Tecnologia, à Fundação Eng° António de Almeida e ao Centro de Estudos Interdisciplinares do Século XX da Universidade de Coimbra – CEIS20, o meu sentido reconhecimento pelo seu apoio de sempre.

À Marlene Taveira e Ângela Lopes, agradeço a sua inestimável colaboração e pronta disponibilidade.

À Almedina fico grata pela publicação desta obra.

MARIA MANUELA TAVARES RIBEIRO
18 de Outubro de 2011

José Medeiros Ferreira

Metamorfoses e Negociação na União Europeia

Universidade Nova de Lisboa

José Medeiros Ferreira é Professor Associado, aposentado, da Faculdade de Ciências Sociais e Humanas da Universidade Nova de Lisboa. É Presidente do Conselho Geral da Universidade Aberta. É autor, entre outras, das seguintes publicações: *A Posição de Portugal no Mundo – Os próximos 20 anos*, Lisboa, Fundação Calouste Gulbenkian, 1988; *A Nova Era Europeia*, Lisboa, Editorial Notícias, 1999; *Cinco Regimes na Política Internacional*, Lisboa, Ed. Presença 2006.

1. Introdução

A República Portuguesa aderiu à Comunidade Europeia há 25 anos mas negoceia com ela há mais tempo. Desde os pressupostos do pedido de adesão em 1977 até aos nossos dias desenvolveu-se uma prática negocial que ainda não tem manual nem teoria.

Com efeito, a Comunidade Europeia tem vindo a dotar-se sucessivamente de novas formas e de novos diplomas. Desde o Acto Único de 1985, até ao mercado interno e ao mercado único, do Livro Branco de 1985, à UEM de 1992, ao Tratado de Maastricht em 1992, ao de Amesterdão em 1997, do de Nice em 2001 e ao de Lisboa já em 2007, passando pelo malogro do Tratado de 2005, do Pacto de Estabilidade de 1998 ao Pacto de Competitividade de 2011, dir-se-ia que a UE perdeu o seu centro de gravidade e prossegue uma espécie de "revolução permanente" nos seus objectivos e métodos de decisão que não é favorável ao aumento da confiança entre os parceiros e faz de cada negociação um caso de estudo.

A República Portuguesa entrou na Comunidade Europeia no melhor período desta, mas depois do estabelecimento da zona euro, do grande alargamento a leste e da crise financeira internacional, abriu-se uma fase de dificuldades no relacionamento dos Estados e no crescimento económico, que é a actual.

Acresce que depois da ratificação do Tratado de Lisboa, com a mudança da ponderação dos votos suficientes para as minorias de bloqueio, emergiu um directório de facto dentro e fora dos órgãos formais da União Europeia. Este novo dado veio alterar as condições de negociação e tomada de decisões comunitárias, para além, de ter operado um recuo na "Europa dos Cidadãos". No lugar desta, emergiu de novo a "Europa das Chancelarias", simbolizada na recusa dos referendos sobre a matéria em causa e nas cimeiras bilaterais e de chefes de governo.

É recorrente a caracterização da UE como uma entidade internacional *sui generis* em que as partes estão envolvidas numa "negociação permanente". Mas é mais raro apresentar essa negociação permanente como decorrente da frequente mudança de objectivos, metas, protagonistas e calendários no interior da própria União. Analisar essas variáveis e mudanças no seio da UE é cada vez mais importante para situar o rumo.

Por si só o método da "negociação permanente" não é negativo, antes pelo contrário, pois permite evitar os perigos do "dilema do prisioneiro" quando tudo se decide num só lance. Um constante jogo de perdas e ganhos sobe as probabilidades das compensações futuras próprias da cooperação internacional.

Mas também existem vários e graves inconvenientes decorrentes do método: incerteza quanto às aquisições efectivas, indeterminação dos reais objectivos, aumento das cautelas nas transferências de soberania, necessidade constante de medidas e mecanismos de confiança entre os parceiros e os Estados envolvidos. Nada fica adquirido, tudo pode ser perdido numa fase posterior.

O problema com a "negociação permanente" nas instâncias da integração europeias reside na multiplicação e transformação de objectivos da Comunidade, muitas vezes durante os processos negociais em curso.

Apresente-se o caso das negociações para a adesão de Portugal à CEE entre 1977 e 1985. Enquanto a República Portuguesa discutia laboriosamente em Bruxelas os termos do Tratado de Adesão com os seus períodos de transição, as suas excepções e derrogações sectoriais, surge paralelamente a elaboração do *Acto Único* entre 1984 e 1985 que acelera metas e calendários para o Mercado Interno, consolida a cooperação política entre Estados, reduzindo assim o âmbito dos tratados de adesão de Portugal e de Espanha, com a sua entrada em vigor no mesmo ano da entrada dos dois Estados da península ibérica, a "adjacência não-democrática" como foi crismada no processo das conversações de 1962.[1] A dúvida hoje reformula-se apenas baseada na noção de "adjacência" aplicada à Península.

É nesta altura que o governo português se declara "bom aluno" de Bruxelas ainda não tinha avaliado convenientemente a qualidade dos mestres...[2]

Se as teses histórico-económicas de Lúcio de Azevedo sobre a sociedade portuguesa ainda fossem aplicáveis, dir-se-ia que há vinte e cinco anos entrámos no ciclo da Comunidade Europeia. Foi um ciclo de prosperidade geral até à criação da zona euro, prosperidade atenuada por esta fase oscilante da moeda continental e de progressão do mercado mundial expressa no fim do acordo multifibras. Fora da Comunidade teria sido muito pior.

Portugal tem razões para estar satisfeito com essa opção estratégica tomada pelo I Governo Constitucional e logo inscrita no seu programa, se bem que no capítulo da política externa. Se se ler essa parte do programa

---

[1] Ver FERREIRA, José Medeiros, *Cinco Regimes na Política Internacional*, Lisboa, Ed. Presença, 2006, p. 145.

[2] Ver FERREIRA, José Medeiros, "Bons alunos de maus mestres", in *Revista de Relações Internacionais*, n° 7, IPRI, Lisboa, 2005, pp. 89-96.

tornam-se visíveis vários pressupostos do pedido de adesão à então CEE, formulado em 1977:

- o pressuposto do alargamento da CEE, o que na altura não estava definido;
- o pressuposto de um pedido semelhante da Espanha no futuro e o da posterior entrada desta na Comunidade Europeia;
- o pressuposto da aproximação dos países africanos saídos da descolonização de 1975 à então Convenção de Lomé, que nem os mais ousados previam, e que se verificou antes de Portugal entrar na CEE em 1986;
- o pressuposto de, à rapidez do pedido de adesão, se seguir um pausado período negocial, estimado na altura em cinco anos e que acabou por durar oito.[3]

Se não tivéssemos pedido a adesão plena naquela altura não teríamos sido Estado-membro ainda com a Comunidade Europeia em franca prosperidade, como aconteceu em 1986. Uma coisa foi ter aderido em 1986 à "pequena Europa dos 9", outra ter sido integrada na "Grande Europa" do alargamento a leste.

E, contrariamente, à mistificação que se teceu depois da resposta afirmativa da CEE ao pedido de adesão da República Portuguesa, muitos foram os que preconizaram fórmulas recuadas no processo de integração europeia, e essas fórmulas tinham em comum evitar a adesão plena nos termos do artigo 237° do Tratado de Roma. Essas resistências forma internas e externas e pretendiam, de facto, impedir o pedido de adesão ou a resposta afirmativa da Europa dos Nove.

No seu livro *Mário Soares – o que falta dizer*, editado pela Casa das Letras, este descreve uma reunião que teve "com os economistas de maior reputação à época", o Hotel Palace do Estoril, em que todos lhe "disseram que não devia apresentar a candidatura, que era preciso negociar um bom tratado de associação, mas que ficássemos de fora..."[4]

A nível externo, as informações dadas ao MNE na reunião de embaixadores realizada nas Necessidades a 4 de Fevereiro de 1977 também não

---

[3] Ver *Programa do I Governo Constitucional*, capítulo da Política Externa, Lisboa, 1976.

[4] SOARES, Mário, *Mário Soares – o que falta dizer*, Lisboa, casa das Letras, 2005, p. 92.

eram todas animadoras. Mas foi tomada a decisão de pedir a adesão plena e disso informar as capitais dos Estados-membros. Em princípios de Abril veio a resposta afirmativa.[5]

Estes vinte e cinco anos do ciclo europeu de Portugal sucederam-se às décadas da pimenta, dos diamantes, da exploração colonial. Já estivemos mais seguros do que se pretendia da União Europeia. A União Europeia já esteve mais segura do que pretendia para si própria. A entrada neste século XXI "ainda tão pequeno" não nos deixa antever, porém, um futuro excessivamente optimista. A República Portuguesa aderiu a uma Europa Ocidental que já não existe.

Com a Comunidade Europeia a sociedade portuguesa cobriu-se com uma fina membrana de modernização e progresso, que rompe aqui e ali, enlaçou-se o mais protegida possível com o mercado mundial, viciou-se no rotativismo dos dois grandes partidos centrais do sistema, copiou como boa aluna mesmo os maus mestres, e atentou contra a sua capacidade de pensamento estratégico próprio. Tudo isto é reversível em termos de futuro caso se tenha consciência histórica do ciclo e se evite um isolamento ibérico numa "grande" Europa que corre o risco de se desintegrar.

Essa consciência histórica do que procuramos neste ciclo europeu leva-me a revisitar o passado português, tão mitificado e tão pouco analisado nos seus diferentes aspectos.

Começo pelo século XX, mas de outra maneira.

O Estado português entrou no século XX com o problema da dívida externa por resolver. No entanto, eram as questões coloniais aquelas que mais inflamavam os discursos sobre a posição internacional de Portugal. Porém, embora sem realce nos manuais, foram as sucessivas negociações financeiras que marcaram as relações internacionais do país, até, pelo menos, 1931. Ora a República Portuguesa chega ao seu centenário com a magna questão do financiamento exterior da sua economia pela frente. E só lhe pode fazer frente com uma política externa própria e activa. Mas com uma política externa. Sem esta, não haverá investimento externo nesta faixa da península ibérica, nem poder de atracção sobre as economias emergentes como as de Angola ou do Brasil, nem ambiente de segurança para a evolução própria da República Portuguesa. O Estado ainda é o nosso melhor negociador internacional. E neste século XXI, grande parte da política

---

[5] Ver CASTRO, Francisco de, *O Pedido de Adesão de Portugal às Comunidades Europeias*, Lisboa, Principia, 2010.

externa dependerá da capacidade negocial dos principais agentes económicos, culturais e políticos.

Caso o estudo das negociações financeiras internacionais do Estado português nos séculos XIX e XX estivesse feito, entender-se-ia facilmente que grande parte da política externa do século XX teve uma natureza material e financeira, e isso por um motivo muito preciso: a taxa de poupança interna sempre foi insuficiente para dar resposta aos desafios do desenvolvimento material da sociedade portuguesa. Desde o convénio com os credores externos de 1902, até aos suprimentos do Banco de Inglaterra entre 1916 e 1918, passando pela disputa das reparações de guerra na Conferência de Paz de 1919 e do diferendo de uma década com a Alemanha para o pagamento das indemnizações até à questão do aval a um empréstimo externo pelo Comité Financeiro das Sociedade das Nações, em 1927, assim como a prolongada drenagem colonial, a história da política externa portuguesa é, em grande parte, a história da captação do capital no exterior para as necessidades da economia interna. Como muitas dessas negociações passavam pelo Ministério das Finanças, pouco relevo se tem dado a essa dimensão da política externa nacional e quase nada se aproveita dessa longa experiência de negociações financeiras internacionais.

E, no entanto, bem se pode arquitectar uma outra história das relações internacionais de Portugal através do percurso das negociações financeiras, desde o tempo de Costa Cabral e de Fontes Pereira de Melo até às recentes operações que culminaram com os montantes e os juros actuais da "dívida soberana". A actualidade tem sempre a sua história.

Os protagonistas do regime democrático deviam estar mais prevenidos para esses aspectos financeiros das relações internacionais da República Portuguesa do que os historiadores da diplomacia política.

Desde logo porque a consolidação financeira do actual regime democrático começou, do ponto de vista internacional, com a chamada "operação do grande empréstimo", no valor de mil e quinhentos milhões de dólares a fornecer por um consórcio de países liderados pelos EUA, em 1977, que assim recuperavam um antigo projecto de ajuda financeira a Lisboa no contexto de uma política de descolonização e de viragem para uma economia *"with the open trading and payments system of Europe and the industrial countries generally"*, como se escreveu num *memorandum* de origem oficial norte-americana, datado de 28 de Janeiro de 1977 e entregue ao governo português.

O documento, apresentado pelo embaixador norte-americano em Lisboa ao governo de Mário Soares, propunha um plano de acção por fases e sugeria o estabelecimento de um consórcio internacional constituído pela

Alemanha, França, Japão, Reino Unido, Itália, Bélgica, Holanda, Canadá, Suécia, Suíça, Dinamarca, Noruega, Áustria, Irlanda e Venezuela, já que Portugal tinha *"an acute Foreign Exchange cash shortage and will likely continue to suffer for another two or three years from balance of payments deficits that cannot be covered by private transfers or ususal international credits alone"*.

Essa percepção de que a escassez de meios de pagamento sobre o exterior não podia ser resolvida apenas pelos clássicos métodos do crédito internacional honra o governo norte-americano da altura e devia servir de exemplo aos decisores da UE para responderem às actuais dificuldades colocadas pelos mercados às "dívidas soberanas" a alguns dos seus Estados-
-membros.

Essa operação afunilou-se num acordo *stand-by* com o FMI, depois de uma reunião em Paris, em Junho de 1977, em que os negociadores financeiros europeus esqueceram a dimensão excepcional e política da iniciativa governamental norte-americana. E foi assim que, por duas vezes, a República Portuguesa recorreu ao FMI antes da sua entrada na Comunidade Europeia, em 1978 e 1983. Seria aliás um bom exercício recensear as entidades que nessa altura defenderam a vinda rapidamente e em força do FMI e as que se opõem a nova intervenção...

Paralelamente negociou-se o Tratado de Adesão à CEE, um longo processo em que as questões económicas e financeiras estiveram no centro da mesa durante oito anos. Nunca se fez tanta "diplomacia económica" concentrada como durante o processo negocial que conduziu ao Tratado de Adesão da República Portuguesa à então CEE.

2. Da Negociação no Ciclo Europeu

Não há uma só obra em Portugal sobre a governabilidade partilhada e as negociações decorrentes no âmbito da União Europeia. Desenvolveu-se uma prática negocial que ainda não tem nem teoria nem manual.

E, no entanto, a questão é de relevo para um país como Portugal cuja cultura de política internacional está imersa num banho de espuma sobre eventuais constantes da diplomacia que hoje não se verificam. A aliança luso-britânica, a defesa das colónias, o iberismo e o anti-iberismo, o Portugal oceânico e ultramarino, de nada valem na actual fase da inserção internacional de Portugal.

Sem se perceber o que se passa na União Europeia andamos à deriva. E para perceber o que se passa na UE é preciso arredar a forte e densa

Metamorfoses e Negociação na União Europeia

dogmática erguida à sua volta. E partir de um ponto de vista empírico e inovador.

Ora, o estudo das grandes decisões portuguesas no âmbito da integração europeia está por fazer no respeitante às razões, objectivos, interesses, resultados e consequências.

Pouco, ou nada, se sabe sobre o processo negocial de adesão entre 1977 e 1985 e respectivo Tratado, embora ainda seja o período sobre o qual mais se escreveu.[6]

Pouco, ou nada, se sabe sobre as derrogações dos períodos transitórios, sobre a reforma da PAC em 1992, e sobre os mandatos para as organizações comuns de mercados (OMC).

Pouco, ou nada, se sabe sobre a decisão da entrada do escudo no Sistema Monetário Europeu (SME) em Abril de 1992, embora seja sobre esse caso que existe a única confissão de um desaire negocial português em Bruxelas.

Pouco, ou nada, se sabe sobre a decisão da entrada do escudo na zona euro e sobre os procedimentos que levaram à taxa de conversão do escudo em euros, em 1999.

Ora, a conjugação da taxa de câmbio do escudo em écus em 1992, com a taxa de conversão do escudo em euros em 1999, criou sérias dificuldades à economia portuguesa, bem visíveis no período entre 2001-2005. Mas os monetaristas preferem tomar posição sobre o derivado défice orçamental e o endividamento externo e não sobre as causas negociais do monstro em que muitos estiveram envolvidos.

Pouco, ou nada, se sabe sobre as condições de aceitação do superveniente *Pacto de Estabilidade* e, no entanto, ele condiciona quase toda a política orçamental e a própria execução dos fundos comunitários desde 2001. O défice zero chegou a estar ditado para 2004 para todos os países da zona euro e depois essa meta foi sucessivamente adiada. A realidade não é geométrica e resiste mesmo às ideologias armadas por grandes interesses.

É verdade que existem testemunhos celebrativos mas a maioria insere-se mais na tradição épica do que na narrativa histórica. Estão por escrever *As Décadas da Europa...*

---

[6] Ver, entre outros, CASTRO, Francisco de, *O Pedido de Adesão às Comunidades Europeias*, Principia, Cascais, 2010; LEITÃO, Nicolau Andresen, organizador, *20 Anos de Integração Europeia, O Testemunho Português,* Lisboa, Cosmos, 2007; AAVV, *Portugal e a Construção Europeia*, Coimbra, Almedina, 2003; AAVV, *Portugal e a Integração Europeia, A perspectiva dos actores*, organizadores PINTO, A. Costa, e TEIXEIRA, N. Severiano, Lisboa, Temas e Debates, 2007.

Não deixa de merecer relevo o facto de, nestes vinte e cinco anos de participação de Portugal na União Europeia, só existir, que se saiba, uma confissão pública de uma derrota negocial em Bruxelas.

O autor dessa confissão é o Professor Cavaco Silva, que, no II Volume da sua *Auto-Biografia* nos dá algumas informações sobre o desenrolar da reunião dos governadores dois bancos centrais de 4 de Abril de 1992 que fixou a taxa de câmbio do escudo e a consequente entrada no Sistema Monetário Europeu com um valor que prejudicou a competitividade das empresas exportadoras portuguesas:[7]

> " O principal ponto de discórdia estava na taxa de câmbio do escudo proposta pelo Governo... 180 escudos, em relação à moeda comunitária denominada ECU. Era uma cotação que os nossos parceiros não queriam aceitar, porque representava uma desvalorização superior a 2% em relação à taxa observada no mercado. Para ultrapassar o impasse, dei indicações para que fosse aceite a proposta de compromisso apresentada pelo governador do Banco da Alemanha, Hans Tietmayer, de uma taxa de câmbio de 178,753 escudos por ECU".

E explica as reacções dos empresários portugueses:

> "... Foi uma decisão que me custou fortes críticas e alguma impopularidade. [...]
> Vieram dos empresários as críticas mais violentas. Confrontados com a recessão económica... e pouco vocacionados para apostar no aumento da produtividade, na inovação e na melhoria da qualidade dos produtos... não admitiam que essa possibilidade (da desvalorização do escudo) desaparecesse."

Relembre-se que, em Setembro de 1992, a libra saiu do Sistema Monetário Europeu para não mais voltar. Portugal rompia assim com um derradeiro laço que o ligava a Londres. Em termos monetários traçamos um rumo continentalista, seguindo a peseta e o marco, até ancorar na zona euro. A zona euro que se defende hoje nas ibéricas "linhas de Torres"!

Embora pareça inquestionável ser a presença de Portugal na zona euro para manter, não deixa de ser relevante perceber como os países da UE que estão fora da zona euro e do pacto de Estabilidade crescem mais do que os Estados que se obrigaram a essa disciplina.

---

[7] Ver, SILVA Aníbal Cavaco e, *Auto-Biografia*, Volume II, Lisboa, Ed. Círculo de Leitores, 2004, pp. 204-208.

Hoje não oferece dúvidas que a elaboração do Pacto de Estabilidade foi mal negociada, e que este se tem revelado negativo para todas as partes envolvidas.

A – Sobre a mudança da mesa nas negociações europeias

A entrada da República Portuguesa na Comunidade Europeia, em 1986, coincidiu com um dos melhores períodos desta. Porém a mudança de século revelou-se madrasta para o projecto europeu. Está na altura de se tentar perceber porquê, tanto mais que até aqui se não vislumbram inimigos perigosos do projecto europeu. Os marginais fascizantes, os esquerdistas minoritários, os soberanistas na defensiva, os integracionistas radicais, nem separados, nem todos juntos, se constituíram, até agora, em adversários temíveis, ou sequer decididos, da UE.

Porém, uma das características mais relevantes da conduta internacional da Comunidade Europeia é a transformação constante de objectivos, e a mudança discreta da mesa onde decorrem as negociações mais importantes.

Assim, enquanto Portugal, e a Espanha, labutavam arduamente para consagrar, nos respectivos *Tratados de Adesão*, as garantias da sua integração harmónica, numa perspectiva de defesa de alguns interesses nacionais mais sensíveis, os altos representantes da CE transmudavam a cena dos objectivos a fixar através da elaboração do então chamado *Acto Único*. As garantias alcançadas em 1985, no *Tratado de Adesão*, foram ultrapassadas em 1986 pelo *Acto Único*.

E a República Portuguesa passou a ter dois diplomas orientadores da sua inserção na CEE: o *Tratado de Adesão* que negociara com tanto tempo e esforço, e o *Acto Único* que apontava novas metas para a Comunidade Europeia, *maxime* o aprofundamento do mercado único e a união económica e monetária e na elaboração do qual fora um mero observador no ano crucial de 1985.

O *Acto Único* acompanhado pelo *Livro Branco* de Jacques Delors, ultrapassava de certa maneira o *Tratado de Adesão* de Portugal, fixando as metas do mercado único para 1992 e acelerando o objectivo da união económica e monetária. Por cá, todos acharam natural o expediente, se é que o captaram em toda a sua potencialidade para o futuro.

O êxito na execução do *Livro Branco* de Jacques Delors preencheu o universo da Europa dos 12 com as directivas fundamentais para a criação do mercado único em 1992 e para o salto em frente na união económica e monetária. A República Portuguesa lá se aguentou o melhor que pôde até 1992, o ano da sua primeira presidência. Mas então a história da Comunidade Europeia ainda era sobretudo a história da Europa Ocidental.

Esse êxito da Comunidade Europeia a 12 coincidiu com um terramoto no mapa político do continente, cujo epicentro foi a unificação alemã.

A partir de 1992 acentuou-se a tendência manifesta de uma mudança na hierarquia dos objectivos da União Europeia.

Desde a unificação da Alemanha e da emergência das democracias de Leste, consequentes à retirada russa, que o projecto da comunidade europeia perdeu o centro de gravidade e levita entre massas oscilantes. Em vinte anos dotou-se a União Europeia de quatro Tratados consecutivos: o de *Maastricht* que a criou em 1992, o de *Amesterdão* em 1997 que a consolidou, o de *Nice* em 2001 que a abriu ao alargamento imperativo e o de *Lisboa* em 2007 que permitiu o directório europeu. O método foi sempre o mesmo: gradualista e aberto a todas as indefinições sobre o futuro. Já a união monetária decorreu de outro modo: da moeda única para as suas consequências. Agora juntam--se os aspectos críticos dos dois processos: crise política e financeira e menor crescimento económico dos países da zona euro. Está na hora de uma definição sobre os fins últimos da UE e o seu verdadeiro âmbito depois da unificação alemã e do extensivo alargamento a leste. O federalismo monetário está na ordem do dia. Mas eis que até no interior da Alemanha os *länders* mais ricos como a Baviera, o Hesse, o Bade-Wuttenbergue pretendem impedir transferências financeiras para o Fundo de Compensação.

Há uma crise de confiança entre os parceiros da UE. A conjugação da criação da zona euro com o alargamento a dez países de uma assentada mostrou os limites do andamento da bicicleta da fábula.

É certo que a existência da zona euro foi envenenada pelas normas do Pacto de Estabilidade, que reacenderam as desconfianças entre o Norte o Sul da Europa, e pelo menor crescimento dos países da zona euro em relação a outros que dela não fazem parte: Grã-Bretanha, Suécia, Dinamarca, República Checa...

O *Pacto de Estabilidade e Crescimento* foi negociado sem razoabilidade e resultou da demissão política e técnica de uma boa parte dos políticos europeus rendidos aos monetaristas de Frankfurt. Hoje sabe-se o resultado dessa alienação. Quase todos os Estados da zona euro mentem em Bruxelas na elaboração dos seus orçamentos e nas previsões dos programas de estabilidade. Antes, apenas se pedia aos ministros das finanças para apresentarem contas transparentes e credíveis. Agora, não há quem passe sem umas lições de camuflagem de despesas e de optimismo metodológico na previsão das receitas. Tudo isto leva em linha curva ao descrédito do Pacto de Estabilidade, e à tentação de o substituir por algo ainda pior, quando a solução só pode estar na optimização da zona monetária dotando-a de meios financeiros robustos.

Metamorfoses e Negociação na União Europeia

Em termos portugueses, é hoje notório que os efeitos sobrepostos no encadeamento entre a taxa central de câmbio do escudo para a entrada no sistema monetário europeu em 1992 e a taxa de conversão do escudo em euros em 1999 contribuíram para as dificuldades económicas e financeiras com que o país se defronta no presente e que foram agravadas pelo rápido aumento do envolvimento externo público e privado induzido pelas facilidades de crédito e pelas baixas taxas de juro durante uma década.

A obesidade infantil da moeda europeia é hoje visível a olho nu e algum remédio se terá de encontrar. As nossas autoridades monetárias – que tanto se manifestam sobre as medidas sociais internas que nem são da sua responsabilidade tomar – deveriam cuidar mais da vertente externa, desde o ECOFIN até ao BCE, no sentido de ajudar a desbloquear o desenvolvimento da zona euro. Não deixa de ser notável que a grande decisão política de monta neste quadro, que serviu para desbloquear a questão alemã, remonte ao tempo do chanceler alemão Helmut Kohl quando este garantiu a paridade entre os marcos de leste e de oeste na Alemanha unificada... O BCE só agora ensaia os primeiros passos como banco federal ao comprar parte da dívida dos Estados-membros e ao fornecer crédito aos bancos privados da zona euro a taxas de juro acessíveis. Como não recordar que o federalismo monetário e financeiro nasceu nos EUA com a compra das dívidas dos Estados pela União depois da independência e depois da guerra civil em 1865?

Há vinte anos a captação de fundos estruturais, essas absoluta novidade, foi extremamente positiva mas hoje o relativo êxito desta negociação está armadilhado pelas condições restritivas da execução dos futuros quadros comunitários de apoio tendo em conta o espartilho exógeno do Pacto de Estabilidade e do futuro scmcstrc Europcu quc policia indirectamente a capacidade de orientação do investimento público nos Estados da coesão. Daí também as quebras na execução dos programas comunitários nos últimos tempos. Daí também a actual discussão sobre as virtudes do investimento público. E o regresso dessas verbas aos contribuintes líquidos da Comunidade.

O combate cego ao défice orçamental para nos conformar ao abusivo Pacto de Estabilidade leva em linha recta a restrições no investimento público, que o mesmo é dizer ao não aproveitamento pleno dos fundos comunitários. E o não aproveitamento dos fundos comunitários retém esses fundos em Bruxelas, declinando o orçamento comunitário o já fraco papel de atenuante dos choques assimétricos na zona monetária do euro.

Outros países, e interesses, darão a execução conveniente aos fundos não utilizados por Portugal no próximo futuro.

A intensa interiorização da necessidade de cortes no investimento público, depois das medidas de austeridade aplicadas ao sector público administrativo, leva os representantes portugueses a uma deficiente posição negocial em Bruxelas, tendo em conta a questão maior que agora se coloca, qual seja a de saber quem paga o último alargamento da UE, e como responder às dificuldades de tesouraria dos Estados do "arco-periférico" europeu sem acentuar a recessão económica nestes países.

B – Sobre a mutação dos objectivos no interior da UE

A UE é outra desde a decisão que permitiu a entrada simultânea de dez novos Estados. Vista de fora até já a dividiram entre a nova e a velha Europa...

À crise política, provocada pela recusa da ratificação do Tratado Constitucional por dois Estados, junta-se a crise financeira da UE. Quer a rejeição do Tratado Constitucional, quer as dificuldades sobre as perspectivas financeiras dos países da zona euro, têm uma origem comum: a má gestão estratégica dos últimos alargamentos e os pensamentos reservados sobre a criação da zona monetária do Euro.

Essa má gestão estratégica do último alargamento não pode ser entendida enquanto primar o preconceito da moralidade do processo.

Desde a origem que a acção concertada da retirada russa e da liberalização dos países do leste europeu colocou uma questão: quem pagaria a transição política nesses países e quem os assistiria financeiramente neste período? Os russos, em debandada do COMECOM, terminaram com a injecção do petróleo e do gás a baixo preço, e os americanos não entenderam a modernização do leste europeu como uma responsabilidade directa sua, preferindo garantir, através da NATO, a segurança colectiva daqueles países.

Todos concordaram que seria a UE a pagar a conta e, dentro desta, uns países mais do que outros.

Os europeus mais previdentes ainda tentaram uma via intermédia criando o banco Europeu para a Reconstrução e o Desenvolvimento do Leste Europeu e sediaram-no em Londres, mas a pressão continental e transatlântica foi no sentido do alargamento – pagamento global. Foi assim difícil a negociação cuidada país por país, e impossível uma entrada pausada e graduada destes. Entraram dez de roldão com os entusiastas do costume muito contentes. A discussão política tornou-se interdita em nome da ética internacional. A ausência de qualquer cuidado português especial foi patente em todo o processo das conversações que se saldaram pelos tratados de adesão dos países da Europa de Leste.

Metamorfoses e Negociação na União Europeia

No entanto, a solução, no papel, é muito simples: só um orçamento comunitário mais robusto permitirá fazer avançar politicamente a União Europeia, atenuar os efeitos recessivos dos choques assimétricos na zona monetária do euro, e integrar convenientemente os Estados do leste europeu.

Ora, os actuais Estados-membros, não só não querem aumentar as suas contribuições para orçamento comunitário para a faixa dos 1,2% do PIB, como teimam em empurrar para os outros as despesas com o alargamento e com defesa da zona euro.

Há algo sobre o impasse nas reformas institucionais, sobretudo as de carácter político, que convém esclarecer entre nós.

Há uma aliança tácita anti-federalista, entre os defensores da existência de um directório das grandes potências e os defensores extremos das prerrogativas soberanistas dos Estados-membros. Nenhuma dessas forças está interessada numa reforma institucional clara e decisiva. Uns, porque logram os seus objectivos na actual confusão de poderes, onde jamais predomina o interesse geral europeu. Os outros, porque acabam por se contentar com as últimas formas absolutas de soberania: as alavancas das políticas inter-governamentais, as matérias onde é requerida a unanimidade, a ratificação dos Tratados. O Tratado de Lisboa veio consolidar esta mecânica acrescentando-lhe o poder dos votos das maiores potências.

Essa aliança tácita entre os anti-federalistas soberanistas e os integracionistas funcionais tem impedido a emergência de um poder político democrático a nível da União Europeia que assim se divide entre o soberanismo de quem é efectivamente soberano e o centralismo burocrático impulsionado pelos grandes interesses fácticos da integração europeia nas instâncias comunitárias. Os Estados mais frágeis ficam cada vez mais frágeis.

A sucessão de Tratados depois da queda do Muro de Berlim – Maastricht 1992, Amesterdão 1997, Nice 2001, Lisboa 2007, sem enumerar o abortado Tratado Constitucional em 2005, dá a medida da ausência de uma visão de longo prazo sobre o futuro da União Europeia. A revolução permanente nos objectivos e âmbito de integração europeia perturbou o que subsiste de uma vaga a estratégia portuguesa.

3. A República Portuguesa perante uma UE em mutação

A entrada da República Portuguesa na CEE obedeceu a vários pressupostos, um dos quais que Portugal não seria um contribuinte liquido da Comunidade, e, que, antes pelo contrário, da Comunidade viria o impulso económico e financeiro para a modernização do país. Esse pressuposto verificou-se durante 20 anos.

Era na verdade uma visão ligada à noção da CEE como um pólo de prosperidade e liberdade numa Europa dividida pelo conflito leste/oeste. A Comunidade Europeia viveu o seu melhor período no contexto da divisão do continente.

Ora o facto é que enquanto durou o conflito leste/oeste, a divisão da Alemanha e a existência de regimes de democracia popular sob influência soviética, a Comunidade Europeia caprichou em dar respostas positivas aos desejos de desenvolvimento de modernização dos países chamados "da coesão": Irlanda, Grécia, Portugal e Espanha, por ordem de chegada entre 1973 e 1986. Quando acabou a noção de "Europa Ocidental", começou a emergir o egoísmo da dimensão intergovernamental.

Essa fase extremamente positiva da Comunidade Europeia deu rapidamente lugar a um menor entusiasmo pelos países do arco periférico com a entrada súbita dos Estados da antiga *Mitteleurope* na União Europeia. Não há maneira de escamotear a diferente natureza da integração europeia antes e depois da Europa de Leste. Mesmo a defesa e promoção dos direitos humanos no espaço de liberdade e justiça sofreu uma subalternização nítida. O facto da UE são subscrever a Convenção Europeia dos Direitos Humanos do Conselho da Europa é disso sintoma e prova.

Agora surge a última metamorfose na figura algo imprecisa da metodologia apresentada em Setembro de 2010 sobre o chamado "Semestre Europeu", e, depois, nas propostas do Pacto de Competitividade" apresentadas por Berlim.

O "Semestre Europeu" foi uma iniciativa do presidente do Conselho Europeu, Herman Van Rompuy – essa nova figura criada pelo Tratado de Lisboa – com o pretexto de reforçar os mecanismos da União em termos de "governação económica", em si um objectivo cada vez mais necessário, mas cuja expressão não é estimada em Londres e Berlim, pelo menos.

Na prática o "Semestre Europeu" destina-se a permitir ao Conselho a monitorização das políticas orçamentais de cada Estado-membro. Nesse ciclo de monitorização, o Conselho Europeu identificará, em Março de cada ano, as futuras decisões nacionais, e prestará aconselhamento estratégico que será tido em conta nos respectivos programas de estabilidade e convergência. Em Julho de cada ano, o Conselho Europeu baseando-se nos programas apresentados em Abril "prestarão aconselhamento político", antes de os Estados-membros ultimarem os seus orçamentos para o ano seguinte. Veremos onde se situará a sede do sagrado princípio segundo o qual "*no taxation without representation*"...

O surgimento deste "Semestre Europeu", e a apresentação do "Pacto de Competitividade" ilustram muito bem a dialéctica entre metamorfoses dos objectivos da UE e técnicas negociais.

A criação da zona euro em 1998, com a fixação das taxas de conversão das moedas nacionais na nova unidade monetária, ocorre ainda num período de optimismo oficial europeu. Mas a zona monetária em construção nunca foi amiga de um desenvolvimento acelerado das economias dos Estados-membros. Enquanto as moedas japonesas, chinesas e britânicas seguiam uma política de alinhamento com a desvalorização do dólar, a nova moeda continental europeia manteve-se sempre sobrevalorizada em relação aquelas moedas e obrigou as economias a uma subordinação absoluta aos critérios da boa moeda.

O Euro mantém a economia da zona cativa da moeda.

Já sem recursos internos suficientes para o investimento, a fraca taxa de cobertura das exportações em relação às importações, empurrou os principais agentes económicos e o Estado para a procura de recursos financeiros no exterior.

A entrada na "pequena Europa" dos 9 também tinha subjacente esta possibilidade de drenar meios financeiros do exterior para o desenvolvimento económico e social do país, além de facilitar a vinda de grandes investimentos privados. Tudo isso ocorreu com naturalidade até ao grande alargamento da União Europeia aos países de Leste. Se a entrada dos países da antiga EFTA não buliu com o essencial dos pressupostos do pedido de adesão de Portugal à CEE, já a entrada de roldão dos países que saíram da órbita soviética alterou por completo o centro de gravidade da União Europeia.

Acresce que os governantes portugueses não conseguiram evitar que o escudo tivesse entrado desvalorizado no Sistema Monetário Europeu em 1992.

Deste modo, a economia portuguesa, não só perdeu o volante da política monetária ao entrar no SME e na zona euro, como teve de enfrentar a conversão de um escudo sobrevalorizado que lhe fez perder competitividade externa. Mas com essa decisão, voltava-se, de certa maneira, à ligação da moeda nacional ao padrão-ouro. Simplesmente, o "ágio" dessa ligação será medido pelas subidas das taxas de juro no acesso aos empréstimos externos. E assim, como no fim do século XIX, esbarrava-se no aumento do "ágio de ouro", hoje verifica-se um "ágio das taxas de juro", perante o aumento da dívida externa, a falta de cobertura das importações pelas exportações e uma balança de pagamentos escassa. Daí a necessidade imperiosa de fluxos financeiros do exterior, de preferência na forma de investimentos internacionais e muito menos na de empréstimos externos.

Porém, a criação da zona monetária EURO foi acompanhada de outra negociação paralela que culminaria na aceitação do Pacto de Estabilidade e Crescimento de 1998.

Tratava-se ainda, no entanto, de uma negociação entre Estados e organismos públicos europeus como a Comissão e o BCE. Refira-se que a Comissão e o ECOFIN deram sempre mais importância à questão do défice do que às percentagens da dívida pública.

Era um colete-de-forças com calendários que se revelaram irrealistas para o equilíbrio das finanças da maior parte dos Estados-membros como o demonstram os sucessivos adiamentos: 2000, 2003, 2007, 2013... Mas era ainda uma negociação e um compromisso entre poderes públicos europeus.

Se o Pacto de Estabilidade deu origem a uma comédia de enganos entre Bruxelas e os governos nacionais, com a apresentação de orçamentos falaciosos – nas estimativas, na desorçamentação, nas receitas extraordinárias – tendo como pano de fundo aquela defesa do euro forte. Chamei-lhe em devido tempo o "Pacto Mentiroso".[8] Essa comédia durou dez anos, mas agora a situação ainda é pior – por outras razões.

O euro não cumpre o seu papel federador e está a concentrar a riqueza no coração do corpo europeu não conseguindo bombear os fluxos de prosperidade para os outros órgãos mais periféricos.

Repito: tratava-se de um espartilho mas era ainda um acordo e uma negociação entre poderes públicos europeus. As ONG do sistema financeiro mundial ainda estavam na sombra. Refiro-me às agências de *rating* que principiaram por distribuir notas máximas até ao meio da crise e depois especializaram-se em chumbar os Estados com "dívidas soberanas", dada a falta de liquidez na banca internacional...

Esta falência dos poderes públicos internacionais, e especialmente europeus, perante essas agências privadas, é uma das piores novidades trazidas pela crise. Recorde-se que a Comissão Europeia no início de 2010 considerou que deveria ser outorgado aos Estados que auxiliaram a banca privada em 2009 um período de transição mais suave até 2012 para reduzirem os défices orçamentais, já que haviam socorrido o sistema financeiro à míngua de liquidez. Foi então que as agências de *rating* entraram em acção e a Alemanha desfez o acordado em sede de ECOFIN e da Comissão Europeia em termos dos prazos para o equilíbrio orçamental.

---

[8] Ver FERREIRA, José Medeiros, "Um Pacto Mentiroso", *Diário de Notícias*, edição de 11 de Novembro de 2003.

Metamorfoses e Negociação na União Europeia

A zona monetária do euro está a fragmentar-se no acesso ao crédito dos países membros, e existe hoje uma verdadeira clivagem em termos de taxas de juro a pagar pelos Estados com "dívidas soberanas". Não que a crise financeira internacional, com o seu corolário da estagnação do crédito internacional, tenha sido causada pelo recurso à dívida pública por parte dos Estados, mas porque estes, após terem socorrido a banca privada dos respectivos países, passaram a ser encarados como concorrentes nas operações de refinanciamento do sistema bancário. A privatização completa da ordem financeira mundial tem sido prejudicial para os interesses gerais da UE.

– Propostas negociais

Esta difícil realidade só aumenta a necessidade de o país se dotar de novo de uma política externa activa que seja muito mais do que diplomacia. O maior perigo que espreita a República Portuguesa é mesmo a sua alienação de vontade na política internacional, no exacto momento em que os mecanismos próprios do sistema financeiro mundial e do funcionamento actual da UE não garantem o crescimento do bem-estar da população portuguesa. Não é demais insistir neste ponto.

Quanto às medidas europeias seria de propor o reactivamento das perspectivas financeiras até 2013 numa base imediata de cobertura total pelos fundos comunitários de alguns projectos escolhidos, como os ligados aos transportes e à sociedade do conhecimento, aproveitando os recursos próprios disponíveis e retidos em Bruxelas por falta de execução dos Estados-membros com problemas de co-financiamento. Deste modo compensava-se uma excessiva disparidade nos índices de crescimento e desemprego entre o centro e a periferia na UE que faz recordar a fase final do império austro-húngaro antes da I Guerra Mundial. E isso sem aumentar sequer o esmirrado orçamento comunitário.

Neste âmbito faz todo o sentido para Portugal renegociar a nível europeu o projecto TGV.

É verdade que o projecto nasceu torto nas cimeiras luso-espanholas desde governos imemoriais. É verdade que as versões em tê, ou a ligação ao Porto e a Vigo ficaram pelo caminho. E sobretudo é verdade que nunca se enquadrou o TGV em Portugal numa perspectiva da dinâmica europeia mas apenas peninsular. Ora, o projecto do TGV deveria ter sido desde o início um projecto inserido na dinâmica europeia da alta velocidade, que envolvesse, além da Espanha, pelo menos a França, pois seria o mais racional em termos do traçado das linhas, investimentos, comparticipação dos fundos comunitários, coordenação de prazos. Ainda hoje nada se sabe sobre os caminhos extra-peninsulares do TGV: se através do inacabado eixo Barce-

Iona – Montpellier, se pela hipotética travessia central dos Pirenéus que interessa a Saragoça. Também nada se discute sobre os desenvolvimentos da alta velocidade em termos internacionais e novos tipos de comboios, como os agora apresentados na Feira do Trem em Berlim, e que tem reflexos nos custos das linhas a construir.

Impõe-se propor aos governos espanhol, francês e à Comissão Europeia, a reformulação do projecto, a coordenação dos trajectos, a harmonização dos calendários de construção e um acrescido financiamento comunitário tri-transfronteiriço neste domínio decisivo do transporte continental.

4. Conclusão

A atitude de bom aluno que o cavaquismo governamental adoptou quando a República Portuguesa entrou na Comunidade Europeia, em 1986, marcou, para o bem e para o mal, este vinte e cinco anos de integração.

A entrada de Portugal na CE correspondeu à vitória do princípio da realidade, numa sociedade demasiado trabalhada por mitos e utopias, desde a imperial à multi-étnica à revolucionária internacionalista.

Por outro lado, o barroquismo dos procedimentos comunitários foi de molde a agradar a muitos órfãos do juridicismo das construções gerais e abstractas e aos cultores de uma nomenclatura tecnocrata, que sempre aborreceu uma intensa intromissão dos poderes democráticos nas escolhas do fomento nacional.

Rapidamente, a visão política e estratégica que comandou a decisão da entrada em 1977 deu lugar, no melhor dos casos, a uma classe de bons alunos. Teria sido uma sorte caso houvesse bons mestres. Mas com a excepção, sobrestimada, de Jacques Delors, não foi assim. Os nossos especialistas em assuntos europeus padecem dessa falta de bons mestres e de uma cultura de negociação internacional mais passiva do que paciente, embora tenha essa aparência.

Os poderes fácticos da sociedade portuguesa levaram ao enfraquecimento do poder político democrático nas suas funções de soberania interna, o que teve consequências na percepção do Estado português visto do exterior. Tanto liberalismo económico interno levou ao enfraquecimento do Estado no plano externo e à consequente quebra da sua capacidade de negociação internacional.

Pessoalmente, que tanto trabalhei para que Portugal entrasse na Comunidade Europeia, confrange-me ver os portugueses passivos, ou

Metamorfoses e Negociação na União Europeia

pacientes, perante o actual padrão da construção europeia e a deriva para um comando directorial.

A União Europeia, depois do grande alargamento, fica cada vez mais parecida com o Império Austro-Húngaro na sua fase final. Ninguém entende porque não cresce a economia nem porque persiste o desenvolvimento desigual entre as nacionalidades... Isto tornou-se particularmente visível com a crise monetária e financeira.

Não é fácil equacionar o que está em jogo em termos de União Europeia com a presente crise financeira que, por atingir o Euro, corre o enorme risco de se volver numa crise geral. Existe ainda um risco maior do que esse: o de se tentar salvar a moeda continental à custa da união entre os Estados-membros. O Euro, que foi a pedra sobre a qual se reconstruiu a Comunidade Europeia depois da queda do Muro de Berlim, disse-o Guterres, apresentou-se, no início, como a moeda única, depois contentou-se em ser uma moeda comum, e foi sempre uma moeda franco-alemã, com um grande poder de atracção sobre as economias do continente. Os resistentes eram-no por razões históricas, como a Dinamarca, ou políticas, como a República Checa, e não tanto por razões económicas, até ao apuramento dos dados do crescimento da zona euro dez anos depois. A Grã-Bretanha foi a única a cultivar a libra por tudo isso e muito mais. No fundo Londres encarou sempre o euro como parte da resolução continental da questão alemã durante esta fase.

Mas agora que a questão alemã parece normalizada, convinha tratar a moeda como fazendo parte de uma verdadeira zona monetária europeia. Caso se não pretenda afundar a UE para salvar a moeda. Até porque esta teria, de novo, de mudar de nome. O que não seria bom para ninguém.

Ora, desde o período revolucionário desencadeado pelo 25 de Abril que Portugal não concitava tantas atenções das chancelarias e da imprensa internacional. Naquela altura, por causa da independência política procurada, hoje, pela dependência financeira patenteada. Sempre pelo medo de qualquer contágio. A *Reuters* explicou-o melhor que ninguém: "O caso português ultrapassa Portugal. Em Paris, Berlim e Frankfurt, Lisboa é encarada como a última linha de defesa antes de uma eventual batalha de Espanha." Desta vez sem Wellington à vista.

Com efeito O Euro joga-se na península ibérica. É um extraordinário volte-face em relação à situação vivida pela Grécia e Irlanda em que só a sorte imediata desses países parecia em causa. Entretanto, a repetição dos sintomas financeiros no corpo marítimo da zona euro, desde a Espanha à Itália, levou os grandes decisores europeus a uma maior ponderação sobre a saúde da zona monetária, que nunca foi óptima. Desse ponto de vista, as acções de retardamento de Sócrates e Zapatero, apara continuar a usar ima-

Portugal-Europa. 25 anos de adesão

gens afins da análise da agência britânica, parecem ter resultado numa maior consciência de que a questão levantada das "dívidas soberanas" não se resume a questões de política doméstica mas pode arrastar consigo todo um projecto europeu de união económica e monetária que já conheceu melhores dias.

O reduto da central "Europa Fortaleza" já não parece tão seguro de si. Um desfazer da Europa mais oceânica teria consequências sérias no projecto europeu.

BIBLIOGRAFIA

AAVV, *Portugal e a Construção Europeia*, Coimbra, Almedina, 2003.

AAVV, *Portugal e a Integração Europeia, A perspectiva dos actores*, organizadores PINTO, A. Costa, e TEIXEIRA, N. Severiano, Lisboa, Temas e Debates, 2007.

Adesão de Portugal às Comunidades Europeias, História e Documentos, Introdução de J. Medeiros Ferreira, Assembleia da República, Parlamento Europeu, s.l., 2001.

CASTRO, Francisco de, *O Pedido de Adesão de Portugal às Comunidades Europeias*, Lisboa, Principia, 2010.

FERREIRA, José Medeiros, *Cinco Regimes na Política Internacional*, Lisboa, Ed. Presença, 2006.

FERREIRA, José Medeiros, "Bons alunos de maus mestres", in *Revista de Relações Internacionais*, nº 7, IPRI, Lisboa, 2005, pp. 89-96.

FERREIRA, José Medeiros, "Um Pacto Mentiroso", *Diário de Notícias*, edição de 11 de Novembro de 2003.

Programa do I Governo Constitucional, Lisboa, 1976.

SILVA, Aníbal Cavaco e, *Auto-Biografia*, Volume II, Lisboa, Ed. Círculo de Leitores, 2004.

SOARES, Mário, *Mário Soares – o que falta dizer*, Lisboa, casa das Letras, 2005.

José Reis

Portugal e a Europa: agendar um reencontro?

Universidade de Coimbra

José Reis é Professor Catedrático da Faculdade de Economia da Universidade de Coimbra (FEUC), Investigador do Centro de Estudos Sociais (CES) e Director da FEUC. É autor, entre outras, das seguintes publicações: *Ensaios de Economia Impura* Coimbra, Almedina, 2ª ed., 2009 e, em co-autoria, *Imigrantes em Portugal: Economia, Pessoas, Qualificações e Territórios*, Coimbra, Almedina, 2010.

1. Introdução

Tanto a construção europeia desencadeada nos anos 50 como a integração comunitária portuguesa tornada irreversível nos anos 80 foram processos de indiscutível riqueza social e política. A criação e a transformação de uma comunidade económicas de seis países ricos e semelhantes, recém beligerantes, numa união de vinte e sete economias e sociedades que aprofundavam a suas interdependências apesar de serem profundamente diferentes foi, provavelmente, um dos fenómenos mais originais da nossa contemporaneidade (Reis, 2004:13). Mas é claro que a União Europeia e a nossa inserção nacional são hoje fonte de inúmeras perplexidades. Limitada pelos preconceitos anti-federais, capturada pelas visões monetaristas da economia, tolhida por uma incapacidade orçamental que a reduz a uma entidade que apenas enuncia metas vagas, a União Europeia revela-se incapaz de promover as formas de sustentabilidade que as sociedades do Século XXI requerem e de enfrentar uma crise que a diminui globalmente e a fragmenta internamente.

Além disso, gravíssimas assimetrias, contrapondo países centrais e países periféricos, marcam hoje a situação europeia, substituindo a tendência para a convergência económica e social ambicionada pelos princípios da coesão e pela lógica fundadora da ideia europeia. A irrupção da um quadro de problemas típico das relações centro-perifera foi súbita e porventura inesperada, pois muitos o considerariam já afastado da cena comunitária, perante a trajectória de interdependência percorrida, os princípios de mudança instituídos e evolução estrutural registada.

No entanto, é claro que a União sofre, nestes primeiros anos do século, uma convulsão profunda e uma turbulência de resultados imprevisíveis. Neste contexto, é tão razoável encarar um cenário de desconstrução europeia como reafirmar a capacidade de resiliência da Europa, as suas energias e a convicção de que as dinâmicas de superação dos problemas serão sempre, mesmo que no limite, prevalecentes. Para esta discussão não se trata de regressar a o início – trata-se de regressar aos fundamentos. E, em termos europeus, eles são os da invenção de um modelo económico tão inclusivo como o dos primeiros 30 anos da Europa, de um modelo social que gere novos padrões de capacitação dos cidadãos e de um modelo orçamental que lhe confira capacidade para desencadear a criação de riqueza e a sua repartição. O que está em causa é saber se há capacidade para gerar novos valores e meios de acção comuns – isto é, genuinamente europeus – ou se ficamos manietados pela fraquíssima ideia de que se pode impor e generalizar um qualquer modelo nacional. Pressupor isso seria esquecer que a Europa é

Portugal-Europa. 25 anos de adesão

uma entidade cuja força depende da variedade das suas formas de organização – como se tornou comum dizer na discussão económica atenta a estas
questões, da variedade do seus capitalismos (Hall e Soskice, 2001).

2. O contributo da Economia

O debate económico e as ideias da Economia podem ser parte do aprofundamento de uma discussão sobre a Europa que nos capacite melhor para
as tarefas que temos pela frente? Parece-me que sim. Mas, para isso, temos
que assegurar algumas condições prévias. A primeira é que se tenha uma
visão larga e exacta do que é o debate económico (cf. Neves e Caldas, org,
2010). O debate económico é um debate de ideias, é um debate para gerar
cultura. Para isso é preciso conjugar, de forma útil, economia e análise económica com outras percepções acerca da sociedades e dos seus modos de
organização e evolução. Parece claro que apreendemos melhor as questões
económicas na medida em que desenvolvamos cultura económica, e que
dela faça parte uma compreensão das vicissitudes várias que rodeiam a vida
dos povos e os seus projectos, numa acepção larga. Outra condição parece-
-me ser que reconheçamos que nos rodeia uma inquietação profunda – e que
é preciso partir dela mas encontrarmos respostas satisfatórias. Desde logo
porque as ideias prevalecentes se revelaram limitadas, parecem iludir a realidade e podem até estar substancialmente erradas. Parece útil percebermos
que está em causa um debate de ideias, assim como estão em causa modelos e projectos de sociedade, mas também pessoas na sua individualidade
difícil, relações sociais assimétricas, problemas que nos interrogam com
veemência. Por isso, em terceiro lugar, precisamos que o conhecimento
assente em pluralismo e na valorização do conhecimento crítico.
Entre os vários temas em que se pode recorrer ao contributo da Economia e ao debate económico um deles, tornado muito relevante nos últimos tempos, é o das relações entre a economia e o mundo da circulação
financeira.

3. A financeirização da economia internacional e os caminhos da espe-
culação

São conhecidas as circunstâncias tumultuosas dos tempos correntes: a
entrega do financiamento e do crédito internacionais aos mercados liberaliza-
dos e à especulação desencadeou uma crise financeira e esta transformou-se

Portugal e a Europa: agendar um reencontro?

rapidamente numa crise económica profunda e certamente prolongada, mal a turbulência se manifestou num sistema bancário desregrado e as lógicas prevalecentes quase assumiram a forma de "vício" (Mirowsky: 2010).

Em termos muito gerais, vale, no entanto, a pena relembrar que, de forma mais profunda, estivemos e estamos perante dois fenómenos incontornáveis. Um deles consistiu no facto de a função social do crédito e do financiamento se ter desconectado radicalmente da economia e dos objectivos de geração de riqueza e de promoção das capacidades individuais e colectivas, em favor de uma autonomização descontrolada da intermediação financeira e da especulação. O que devia ser instrumental tornou-se fonte das normas e assumiu capacidade de mando.

O segundo fenómeno – porventura o mais profundo – resultou da própria desconexão da economia relativamente à sociedade. A economia deveria ser entendida como um sistema de provisão e uso de bens e serviços e como um processo de geração de bem-estar e de melhoria das capacidades humanas, tanto individuais como colectivas. E, assim sendo, a economia e a sociedade terão de ser concebidas como duas realidades articuladas. Quer dizer, a economia não pode ser alheia ao conjunto plural de indivíduos e organizações e aos padrões culturais e institucionais que eles estabelecem, bem como aos compromissos e objectivos que resultam do conflito e dos acordos que as comunidades humanas vão gerando. Mas bem sabemos que esta relação se inverteu à medida que tendeu a prevalecer uma noção normativa e redutora da economia, em que esta se impõe à sociedade, em vez de com ela se relacionar positivamente.

Este duplo processo de "desligamento" originou situações generalizadas de insustentabilidade, que agora não se limitam ao domínio financeiro, visto que dizem respeito aos próprios domínios económicos e sociais, para já não referir os ambientais. O que parece claro é que o quadro de circulação e disponibilização de capitais escapou quer a formas de regulação ajustadas, quer à presença prudente de um conjunto plural de mecanismos de alocação de recursos, com enorme fragilização da esfera pública. Pelo contrário, caminhou-se para uma solução única, totalizante e, seguramente, totalitária – a dos mercados sem fim. O resultado mais evidente foi uma multiplicação de situações turbulentas, que desencadearam irracionalidades, fomentaram desigualdades, consolidaram periferias e reforçaram assimetrias. Como seria, aliás, lógico esperar-se, em vista da "desconstrução" social e económica a que comecei por aludir.

Esta crise é, pois, o culminar destes processos e apresenta-se, por isso, como um poderoso factor de insustentabilidade social e política.

4. A revelação dos limites da União Económica e Monetária

O quadro europeu não foi alheio a este contexto e as estas tendências. A União Económica e Monetária pressupôs que bastava assegurar a convergência nominal das economias que a viessem a integrar e que isso era um caminho certo para a convergência real que esbatesse e tornasse pouco importante as relações assimétricas do tipo centro-periferia que pré-existiam à intenção da moeda única. No novo quadro de integração monetária, a disciplina imposta pelos critérios nominais de convergência bastariam para que não houvesse turbulência nem desestabilização. As economias ajustariam as respectivas competitividades e, por essa via, limitariam a sua propensão para gerar desequilíbrios no plano internacional. O crédito e o financiamento não representariam problema que os mercados não resolvessem quer pela disponibilidade que gerariam, quer pela sanção de custo que imporiam. Não seria, portanto, à esfera pública que competiria gerir tal assunto, antes pelo contrário. A esta caberia manter a ortodoxia monetária. Os Estatutos do BCE deram bem conta disso, ao atribuir-se finalidades nobres de controlo monetário, assegurando um enviesamento deflacionário, e compromissos apenas subsidiários ou marginais em matéria de crescimento económico.

A realidade, no entanto, foi às avessas. A lógica centro-perifera das relações dentro da União tornou-se muito evidente, com os problemas de competitividade das economias mais pobres a tornarem-se gritantes (Euro-Memo Group, 2010). Viu-se depressa que estes eram problemas que a integração monetária não resolvera nem previra e, dizem alguns, agravara dramaticamente. Apesar de ser um problema de monta, este não era, no entanto, um problema que uma Europa solidária, positiva, ambiciosa no plano da coesão social e como valores claros que guiassem o seu futuro não pudesse resolver. De facto, a integração dos países, das grandes federações (caso dos EUA) e mesmo de alguns quadros transnacionais (como o que a "velha" Europa dos fundadores utópicos e dos continuadores generosos pretendia ser) fez-se na base da integração das periferias e da sua transformação estrutural. Isso supõe transferências de capitais e igualmente uma perspectiva global de convergência social e de reorganização produtiva, alterando as especializações, fomentando as bases estruturais que determinam a competitividade e acentuando lógicas positivas de proximidade (Reis, 2010: 553).

Essa Europa esfumou-se no mesmo tempo histórico em que a União Económica e Monetária se ia afirmando como quadro normativo mas não como instrumento de desenvolvimento das economias. A "nova" Europa é,

Portugal e a Europa: agendar um reencontro?

ao contrário do sonho, um espaço de incidência de interesses e lógicas nacionais, governada de forma hierárquica pelo centro, isto é, pelas economias que a UEM beneficia, com as periferias a serem entendidas não como os parceiros de um projecto comum que se supunha que tinha sido lançado pela ambição da moeda única, mas antes como sujeitos menores e infractores sistemáticos e incorrigíveis que importaria sancionar.

A base factual para dar este quadro como coisa provada não era difícil de encontrar. De facto, as economias periféricas europeias, com as dificuldades competitivas que tinham – e que algumas, como a Irlanda, foram capazes de disfarçar através de soluções não sustentáveis – revelaram cedo os seus défices e nem sequer se tratou de os entender como custos a suportar transitoriamente, em vista de objectivos de médio prazo de desenvolvimento e de uma mais profunda integração europeia. Os défices passaram a definir o principio e o fim da conversa. É certo que durante algum tempo ainda foram vistos como problemas benignos, enquanto os interesses dos financiadores se sentiam compensados pelos serviços da dívida, isto é por uma remuneração segura e confortável dos seus capitais. Mas rapidamente a situação se tornou tumultuosa. E assim estamos perante uma União que perdeu o seu sentido fundador e que se revela essencialmente como um ser incapaz de se organizar e desenvolver de forma conjunta e solidária. A União Monetária e Financeira, nas suas miopias e nas suas fragilidades contribuiu muito para isso. Poderá contribuir também para uma nova resposta aos problemas?

5. É possível pensar em novos termos?

As bases da Europa e dos seus projectos são, antes de tudo, políticas. É também a partir de uma economia política da construção europeia que os problemas de hoje podem encontrar soluções. E essas soluções existem. Parece-me indiscutível que é a refundação política da Europa, de uma Europa capaz de assumir a globalidade do seu espaço social, político e económico, que pode ser a base de alternativas credíveis. O que não discuto aqui é a probabilidade de tais soluções se concretizarem em momento adequado...

Contudo, é possível pensar em novos termos, inclusive para saber como é que o Euro e a União Económica e Monetária se devem governar. No início tem de estar o papel que se atribui ao Banco Central Europeu. Como se sabe, ele tem intervindo na aquisição de dívida pública, mas apenas no mercado secundário, isto é comprando no sistema bancário empréstimos já concedidos por fundos de investimento. Assim, o banco central é essencialmente um injector de liquidez nos próprios circuitos financeiros que pressionam, segundo lógicas mercantis, os Estados. Deve ele ser uma entidade capaz de intervir no mercado primário da dívida soberana? Isto é, deve haver capacidade de intervenção pública no financiamento de défices dos países, fazendo como que tal função não esteja apenas entregue aos mercados e à especulação? Deve evitar-se, como se tornou claro nesta crise, que o BCE financie a taxas de juro baixas os bancos, e apenas os bancos, que financiam a custos elevados os países, deixando estes sujeitos a todas as pressões? Com a ironia de que as garantias dos empréstimos do BCE são os próprios títulos da dívida dos países financiados... Parece evidente que a resposta à pergunta inicial só pode ser positiva, isto é, o BCE deve intervir no mercado primário da dívida soberana.

Mas é também claro que a União deve importar-se tanto com os défices das balanças correntes como com os excedentes. É aí que, no quadro intra-europeu, se encontra uma medida dos problemas estruturas que carecem de política económica – de uma política económica europeia. Dessa política há-de fazer parte a política orçamental e essa há-de ter também uma base europeia ("federal", se se lhe quiser chamar assim) que a distancie claramente da actual situação, em que o orçamento comunitário não é mais do que 1% do PIB comunitário. Limitar-se a cuidar dos interesses das economias exportadoras (ou, noutro plano, dos bancos alemães) é uma negação profunda da Europa e a mais radical demissão de um compromisso com o desenvolvimento da integração europeia. Da integração real, claro.

6. A criação de riqueza e o pensamento económico contemporâneo

Há mais dois tópicos que me parecem estritamente associados às reflexões anteriores. O primeiro refere-se à necessidade imperiosa de regressarmos a uma compreensão apurada do que é a economia, a sua matriz constitutiva e as suas finalidades. Disse anteriormente que a economia deve ser entendida como um sistema de provisão e uso de bens e serviços e como um processo de geração de bem-estar e de melhoria das capacidades humanas, tanto individuais como colectivas. A economia não é, portanto, um jogo simples e livre (libertino) de afirmação de interesses, de interpretação de motivações ou de difusão errática de incentivos ou sanções. Quem centra a economia em lógicas individualistas, em relações competitivas de natureza interesseira ou egoísta, pode dar-se bem com definições muito estritas dos sistemas económicos e da disciplina que se foca numa concepção maximizadora e normativa na racionalidade individual e na redução do conjunto dos mecanismos sociais de alocação de recursos e de coordenação económica a um único deles – o do jogo dos mercados.

No entanto, quando se postula que a economia é um sistema social de provisão e uso que tem a criação de riqueza e a capacitação individual e colectiva como sua finalidade essencial, então o quadro de problemas que se associa à economia há-de ser diferente. Por isso, parece-me claro que o problema da criação e distribuição de riqueza tem de regressar à primeira linha de prioridades da economia e da organização económica. É de estratégias de crescimento que se trata. Estratégias significam opções voluntaristas, concertação de acções e de meios, presença central do interesse colectivo.

Uma coisa me parece certa. Nos dias de hoje, nem os puros mecanismos de mercado ("os mercados", essa entidade obscura e quase divina que ouvimos repetidamente ser invocada no dia a dia da discussão em Portugal) nem o sistema internacional são suficientes para relançar o crescimento e o bem-estar. Sobre a apropriação especulativa e financeira da chamada lógica do mercado estamos entendidos. E, quanto ao sistema económico internacional, quanto ao contexto em que o comércio internacional foi um poderoso factor de crescimento de economias nacionais de feição exportadora, parece razoável dizer-se, como alguns o fazem com veemência, que também conhecemos os limites da persistência de elevados défices comerciais externos por parte de grandes economias.

Quer isto dizer que me parece acertado colocar na agenda, sobretudo para economias periféricas, o regresso a política industriais activas. Estas políticas hão-de resultar do propósito de repor o crescimento nos lugares cimeiros das prioridades. E hão-de, sobretudo, consistir em meios pelos quais se regresse a transformação produtiva das economias, dando lugar a uma lógica de investimento que origine produções não-tradicionais susceptível de valorização internacional.

Parece-me claro que inquietações desta natureza sugerem inquietações de idêntica natureza quanto ao conhecimento económico que mais facilmente se tem difundido e reproduzido nas últimas décadas e que tem predominada na discussão contemporânea da crise europeia. Sou dos que acham que a teoria económica dominante foi um dos responsáveis activos pela crise, designadamente pela teoria dos mercados que propalou (Caldas, Neves e Reis, 2011). Quer isto dizer que a crise comporta um convite irrecusável ao regresso ao pluralismo das concepções económicas, o que certamente há-de estar associado a visões prudentes sobre a organização económica e os mecanismos de que dispomos para promover a coordenação dos

Portugal-Europa. 25 anos de adesão

agentes. Uma parte desse convite não pode ser ignorado pelas faculdade de economia – refiro-me à maneira como ensinamos economia e como sugerimos aos estudantes formas de aprendizagem robustas, inteligentes e capazes de produzirem benefícios sociais relevantes.

7. Uma Europa à procura do seu reencontro?

Apesar de enormes perplexidas que se geraram ao longo dos dois últimos anos, faz sentido que, ao lado do cenário de descontrução, se coloque um cenário de recapacitação do projecto Europeu. É indiscutível que novos temas – alguns deles marginais até há pouco tempo – se consolidaram recentemente. A possibilidade de assumpção de dívida pública pela União, e a correspondente mutualização da dívida dos países periféricos, sujeitos a dificuldades estruturais graves, ou da alteração do papel do Banco Central Europeu ou mesmo de uma outra amplitude para o Orçamento comunitário estão certamente entre os mais importantes temas de debate.

Como se sabe, o documento mais global actualmente em discussão é "Europa 2020: Uma estratégia de crescimento inteligente, sustentável e inclusivo"[1]. Trata-se dar conteúdo à prossecução de cinco objectivos principais: aumentar a taxa de emprego da população entre os 20 e os 64 anos para pelo menos 75%; investir 3% do PIB em investigação e dedesenvolvimento (I&D); acelerar a redução das emissões de gazes poluentes, aumentar a escolarização e reduzir o abandono escolar, retirar 20 milhões de pessoas da situação de pobreza. Para isso define-se que o crescimento há-de ser inteligente, isto é, deve corresponder a uma economia baseada no conhecimento e na inovação, há-de ser sustentável, quer dizer, tem de se promover uma economia mais eficiente, mais verde e mais competitiva e há-de ser um crescimento inclusivo, ou seja, tem de assegurar altos níveis de emprego e assentar na coesão social e territorial.

Não vem ao caso discutir agora em que medida é que estes objectivos são ou não são demasiado gerais, excessivamente vagos ou até contraditórios. Vale a pena notar, no entanto, que a Europa, pelo menos a da última década, decidiu implicitamente que o seu caminho era diluir-se numa espécie de mundo uniforme regido por regras de competitividade semelhantes. Imolou-se a um suposto contexto geral de "globalização" em que todos prosseguissem as mesma finalidades e usassem os mesmo instrumentos.

---

[1] COM (2010) 2020, de 3.3.2010

Foi assim que o chamado "modelo europeu" se diluiu, abdicando das suas características, e alinhando por princípios vagos de competitividade. Esquecendo, porventura, que outros modelos (na suas diferenças, tanto o americano como, por exemplo o chinês) se reforçavam e protegiam. Tivesse a Europa optado por uma via diversa, assente nas usas própria forças e capacidades e não naquela lógica de diluição e talvez o quadro presente fosse outro. Tivesse a Europa compreendido que o mundo é, persistentemente, um mundo de blocos económicos, sociais e políticos e um contexto onde a variedade conta positivamente e talvez hoje pudéssemos avaliar mais positivamente a situação europeia.

Mas, exactamente porque assim não foi, Europa 2020 é porventura mais um exemplo de um documento onde perpassa a diluição do pensamento europeu num campo relativamente anódino do que uma reflexão sobre um caminho sólido. Isso mesmo é ilustrado pelas suas metas e objectivos. Eles poderiam fazer sentido como um referencial colectivo se não estivéssemos perante um gritante silêncio e uma perturbadora ausência. Refiro-me aos instrumentos que os ajudam a concretizar, isto é, às formas de organização e intervenção comunitária que governem estes princípios e assegurem a realização de tais finalidades. É este, aliás, o campo preciso em que faz sentido falar-se em governo económico da Europa. E não apenas, como o uso desta expressão quer consagrar, afinação de regras orçamentais dos Estados mais restritivas e mais centralizadas. O que devia estar em causa são questões como o orçamento europeu e a sua dimensão – viabilizando uma lógica global e solidária de condução pública do desenvolvimento – ou como o modo de se assegurarem mecanismos de modernização e de qualificação produtiva de todas as economias da União, incluindo as das periferias. Neste último plano inclui-se a mobilidade de capitais, tanto públicos como privados. Os primeiros hão-de corresponder a transferências entre o nível comunitário e os níveis nacionais, dando expressão à lógica de investimento infraestrutural que desenvolveu a política e os objectivos de coesão. O que se desejaria é que eles representassem uma forte lógica global e integradora da Europa, não se limitando à mera soma de usos desarticulados pelos Estados membros. A mobilidade de capitais privados haveria de ser estimulada pela mesma lógica que se usa nas nações para articular as regiões.

8. Conclusão

Mas não se pode esquecer que a ideia da interdependência entre os Estados membros, tanto a interdependência económica como a social e a política, encontra-se hoje ameaçada por outras ideias, bem menos nobres, que foram fazendo um caminho gerador de perplexidades. Apesar de os documentos, como o que há pouco se citou a propósito da estratégia Europa 2020, continuarem a sublinhar que é num quadro de interdependências que a União funciona, a verdade é que há um crescente domínio de visões que enfatizam a ideia de ajuda, em vez das de cooperação e de projecto de convergência e de integração, adicionando-lhe frequentemente uma atitude de sanção moral e de condenação de vícios comportamentais colectivos. É assim que as periferias, antes partes activas e destinatários privilegiados das ambição comunitária e da capacidade de qualificação mútua da ideia europeia, passaram a ser definidas como entidades de comportamento desadequado, incapazes de se governarem, criadoras de erros que outros teriam que reparar. De um diagnóstico estrutural sobre a natureza das próprias relações centro-perifera na Europa, sobre as lógicas assimétricas que elas possam conter e sobre as razões comuns que as determinam, passou-se a formas de julgamento moral que só podem ter consequências muito nocivas, gerando fronteiras, isto é, formas de delimitação entre europeus muitos mais frias e duras do que aqueles que o mercado interno e a construção comunitária eliminaram. Mudou-se o vocabulário (ajuda em vez de coesão, por exemplo) mas abalaram-se sobretudo as ideias e as convicções.

É sobre estes problemas, que são financeiros e económicos, mas também são estruturais e de projecto que a Europa tem de construir um novo caminho. Porventura inventando-o. Dessa reinvenção faz seguramente parte o passado, através de um regresso aos fundamentos. Mas faz também parte uma inventariação rigorosa de problemas gerados pela falta de Europa. E esses são gritantes problemas de hoje.

Como em *E la nave va*, o filme de Federico Fellini de 1983, *O Navio* europeu com gente diversa a bordo está no mar e navega. Está afectado pelo facto de os habitantes dos salões, do convés e dos porões se olharem com distância e separação. Resta saber os problemas se dissolverão numa bela história ou não...

BIBLIOGRAFIA

CALDAS, José Castro, NEVES, Vítor e REIS, José (2011), "Why is economics so fragile?" *Revue de la régulation. Capitalisme, Institutions, Pouvoirs*, 9.

HALL, Peter e SOSKICE, David (2001), *Varieties of Capitalism. The Insti-tutional Foundations of Comparative Advantage*, Oxford, Oxford University Press.

NEVES, Vítor e CALDAS, José Castro, org, (2010), *A Economia Sem Muros*, Coimbra, CES/Almedina.

MIROWSKY, Philip (2010), "Inherent Vice: Minsky, Markomata, and the tendency of markets to undermine themselves", *Journal of Institutional Economics*, 6: 4, 415-443

REIS, José (2004), "Governação e territórios na Europa: hipóteses sobre um subfederalismo europeu", *in* Maria Manuela Tavares Ribeiro (coord.), *Ideias de Europa: Que fronteiras?* Coimbra: Quarteto, 13-27.

REIS, José (2010), "Duas Economias Singulares: Portugal e Espanha, uma Vizinhança Contingente?", *Revista de História das Ideias*, 31, 553-565.

EuroMemo Group (2010), *Confronting the Crisis: Austerity or Solidarity*, European Economists for an Alternative Economic Policy in Europe, EuroMemorandum 2010/2011.

Luís Andrade

Os Açores e o poder funcional de Portugal

Universidade dos Açores

Luís Andrade é Professor Catedrático e Pró-Reitor na Universidade dos Açores e Investigador do CEIS20. É autor, entre outras, das seguintes publicações: "Os Açores e a Europa" in *Poderes, Mobilidades e Comunicação*, Ponta Delgada, Centro de Estudos Sociais, Universidade dos Açores, 2007, pp.131-148; "Os Açores e a Segunda Guerra Mundial" in *Franklin Roosevelt e os Açores nas duas Guerras Mundiais*, Lisboa, FLAD, 2008, pp.123-138; "Uma Perspectiva atlântica das relações entre a Europa e os E.U.A.", in *Imaginar a Europa* (coord.) Maria Manuela Tavares Ribeiro, Coimbra, Almedina, 2010, pp. 101-111.

No mundo em que vivemos, resultante do fim da Guerra Fria, e com implicações de vária ordem que ainda é cedo para se perceberem correctamente, somos da opinião de que a imprevisibilidade continua a ser uma das características mais importantes desta nova ordem (ou será desordem?) mundial na qual nos inserimos.

Samuel Huntington, por exemplo, falava-nos do choque de civilizações, como representando a tipologia dos conflitos que eventualmente poderiam ocorrer no futuro e, de igual modo, na chamada terceira vaga e na democratização no final do século XX.[1]

Muito embora possamos aceitar algumas das teses que aquele cientista político defendeu, entendemos que a situação política internacional não pode ser vista apenas em termos de civilizações e dos seus eventuais choques. Existem, de facto, outros condicionalismos e variáveis que temos forçosamente de ter em consideração, por forma a podermos perceber, o mais correctamente possível, a complexa problemática internacional.

O ritmo acelerado da mudança da conjuntura internacional, a incerteza quanto ao carácter qualitativo dessas transformações e os factores de instabilidade potencial que ainda persistem a nível político, económico, social e militar, configuram novas incógnitas para a segurança.

Não entraremos na discussão teórica que tem vindo a ter lugar entre, por um lado, a chamada escola realista e, por outro, e a que defende a tese de que a ética e a moral devem ser observadas no âmbito das Relações Internacionais,[2] muito embora sejamos da opinião de que a História nos ensina que, na maioria das vezes, são, de facto, os interesses dos países mais poderosos que prevalecem em detrimento dos mais fracos. O que nos interessa,

---

Este texto corresponde, em grande parte, a um artigo que o autor publicou no livro intitulado, *Os Açores na Geopolítica do Atlântico*, que irá ser apresentado no início de 2011.

[1] Vejam-se os trabalhos de Samuel P. Huntington, *The Third Wave Democratization in the late Twentieth Century*, University of Oklahoma Press,Oklahoma, 1991 e *Le Choc des Civilisations* (Trad.). Éditions Odile Jacob, Paris, 1997.

[2] Sobre esta problemática, existem várias publicações. No entanto, podemos destacar as seguintes: Adriano Moreira, *Teoria das Relações Internacionais*, Livraria Almedina, Coimbra, 1996; Kristen Renwick Monroe (Edit.), *Contemporary Empirical Political Theory*, University of Califórnia Press, Berkeley, 1997; Terence Ball *Reappraising Political Theory*, Clarendon Press Oxford, 1995; Ken Booth e Steve Smith, *International Relations Theory Today*, The Pennsylvania State University Press, University Park, Pennsylvania, 1995; Michael Oakeshott, *Moralidade e Política na Europa Moderna*, Edições Século XXI, Lisboa, 1995.

Portugal-Europa. 25 anos de adesão

neste momento, é analisarmos a questão dos Açores no quadro do espaço inter-territorial português que, independentemente da sua imutabilidade geográfica própria é, obviamente, condicionada por alterações que têm ocorrido no panorama geopolítico internacional.

Este espaço inter-territorial pode ser definido como o espaço marítimo e aéreo compreendido entre as várias parcelas do território nacional. A localização geográfica deste território, constituído por um elemento continental e por dois arquipélagos, confere ao mesmo o atributo de posição central e que é, de igual modo, uma posição charneira entre dois continentes, facto que confere ao nosso país uma característica geopolítica marcadamente euro-atlântica.

No que diz respeito à era que terminou com a queda do Muro de Berlim, em Novembro de 1989, e que colocou um ponto final no período conhecido por Guerra Fria, o Professor Adriano Moreira referiu o seguinte: "... não foi nem a vigência de uma ordem assente na Carta das Nações Unidas, nem a vigência de uma ordem assente no compromisso de Yalta: foi o fim do bipolarismo que submeteu o mundo, pela primeira vez na História da Humanidade, a uma variável que era a variável do medo e que nós chamávamos a Dissuasão".[3]

Assistiu-se, de facto, a essa transição de um mundo bipolar, em termos estratégico-militares, para um mundo unipolar, com todas as consequências, positivas e negativas, daí advenientes. Uma delas foi o facto de ter terminado aquilo que se convencionou designar por *balance of power*, isto é, o equilíbrio do poder, que caracterizou, durante muito tempo, a perspectiva geopolítica britânica ao longo sobretudo do século XIX e parte do século XX e, mais tarde, a norte-americana.[4]

Por mais estranho que possa parecer, havia aspectos positivos decorrentes do facto de existirem duas superpotências, como foi o caso ao longo de várias décadas a seguir à Segunda Guerra Mundial, dos Estados Unidos

---

[3] Adriano Moreira, "Periferia e Fronteira: A Autonomia Funcional" in *A Autonomia no Plano Político*, Colecção Autonomia, Jornal de Cultura, Ponta Delgada, 1995, p. 13.

[4] Luís M. Vieira de Andrade, *Os Açores, a Segunda Guerra Mundial e a NATO*, Impraçor, S.A., Ponta Delgada, 1992 e do mesmo autor, "Os Açores e a Segunda Guerra Mundial" in *Franklin Roosevelt e os Açores nas duas Guerras Mundiais*, Fundação Luso-Americana para o Desenvolvimento, Textype- Artes Gráficas Limitada, Lisboa, 2008, pp. 123-138.

Os Açores e o poder funcional de Portugal

da América, líder da OTAN e, por outro lado, da URSS, à frente do Pacto de Varsóvia.[5]

Uma outra consequência como, aliás, refere o Prof. Adriano Moreira, é que o que está em crise não é o Estado nacional, aquilo que está em crise é o Estado soberano.[6]

No entanto, e independentemente do que foi atrás referido, pensamos que é indiscutível que os interesses do nosso país continuarão a passar pela União Europeia.

Após o 25 de Abril de 1974, e a consequente perda do império, Portugal não tinha, em nosso entender, outra alternativa a não ser a sua adesão às então Comunidades Europeias, sob pena de voltar a isolar-se da vida do Velho Continente e dos seus destinos.

Contudo, o caso do nosso país não deixa de ser paradigmático. Portugal, durante a mesma geração, teve três definições de fronteiras: antes da guerra, tinha uma fronteira multicontinental, mas do ponto de vista cultural e político e excluindo a China, só tinha fronteiras com soberanias ocidentais. Com o fim da Guerra, Portugal passou a ter várias fronteiras. Após o 25 de Abril de 1974, Portugal apenas tem uma fronteira, e de novo ocidental, adquirindo especial importância, neste contexto, os arquipélagos portugueses do Atlântico.[7]

Portugal encontra, pois, a ocidente, a profundidade que lhe falta do lado do continente graças ao seu prolongamento pelos arquipélagos da Madeira e dos Açores. E isto representa, na realidade, um conjunto que não é acidental. Antes pelo contrário. É histórico e foi construído ao longo dos vários séculos da sua vida como nação independente.[8]

---

[5] Veja-se, por exemplo, a publicação editada por Gary L. Geipel e Robert A. Manning, *Rethinking the Transatlantic Partnership – Security and Economics in a new Era*, The Hudson Institute e Progresive Policy Institute, Indiannapolis, Indiana, 1996; Luís M. Vieira de Andrade "Os Açores e as Relações Transatlânticas" in *Os Açores como espaço estratégico – a História, a Estratégia, as Relações Internacionais e o Exército*, Zona Militar dos Açores e Universidade dos Açores, Ponta Delgada, 2005, pp.93-101.

[6] Adriano Moreira, *op. cit*, p. 14.

[7] *Ibid.*, p. 17.

[8] Veja-se, a este respeito, o trabalho de António José Telo, *Do Tratado de Tordesilhas à Guerra Fria- Reflexões sobre o Sistema Mundial*, Editora da FURB, Blumenau, Brasil, 1996.

Podemos, por outro lado, afirmar que a profundidade atlântica nacional em geral, e dos Açores, em particular, constitui o principal elemento na relação com os poderes navais e, a partir daí, na posição de Portugal no mundo desde o século XV.

Foi visível, desde muito cedo, a necessidade do nosso país se aliar à potência marítima dominante, por forma a poder sobreviver como nação independente. A Aliança luso-britânica constitui um exemplo claro dessa mesma necessidade, bem como após o final

da Segunda Guerra Mundial, o acordo bilateral celebrado entre o nosso país e os Estados Unidos da América.[9]

No que concerne aos múltiplos desafios que o Estado português enfrenta neste momento, talvez o desafio atlântico constitua o mais complexo de defender e de preservar.

É exactamente este desafio que concede uma importância inequívoca aos arquipélagos atlânticos e ao nosso espaço inter-territorial. Os Açores e a Madeira concedem-nos a profundidade atlântica, que é nossa característica fundamental e que nos diferencia de muitos outros Estados europeus.

Sem nunca descurar que somos membros de pleno direito da União Europeia e que temos, de igual modo, interesses noutros continentes, não podemos nem devemos esquecer a nossa dimensão atlântica. Como já foi referido, desde a formalização da mais antiga aliança do mundo com o Reino Unido, Portugal manteve sempre uma ligação muito especial e inequívoca com a potência marítima dominante.

Hoje em dia, como país membro fundador da Organização do Tratado do Atlântico Norte, mantém uma relação estreita com os Estados Unidos da América, a única hiperpotência na actualidade.

São, pois, os nossos arquipélagos atlânticos que conjuntamente com o território do continente, formam o que se convencionou designar como o triângulo estratégico português, área, através da qual, passa um número extremamente significativo de matérias-primas, que são fundamentais para a sobrevivência económica da Europa.

O facto de vivermos, nos dias de hoje, num mundo unipolar em termos estratégico-militares, significa, ou pelo menos poderá significar, para

---

[9] Este tema foi tratado no livro do autor *Neutralidade Colaborante – o caso de Portugal na Segunda Guerra Mundial*, COINGRA, S.A., Ponta Delgada, 1993. Veja-se, também, o trabalho do autor intitulado "Os Açores, as Relações Transatlânticas e a nova arquitectura de Defesa e de Segurança Europeia" in *Cultura – Revista de História e Teoria das Ideias – Ideias de Europa*, vol. XIX, II Série, Centro de História da Cultura, Universidade Nova de Lisboa, 2004, pp. 181-195.

alguns, que a OTAN deixou de ter razões para continuar a existir, na medida em que o inimigo de outrora desapareceu.

Esta tese parece-nos excessivamente simplista porque existem outras ameaças que também decorrem da já referida imprevisibilidade das Relações Internacionais, tal como o terrorismo, por exemplo.

A conjuntura estratégica que se vivia aquando da nossa adesão às então Comunidades Europeias é, na realidade, completamente diferente da que nós assistimos hoje em dia.

Ora essa Europa a que assistimos durante várias décadas, era uma Europa que, em termos da sua segurança, dependia da Aliança Atlântica e, sobretudo, daquilo que se convencionou designar como o guarda-chuva nuclear norte-americano.

Por outro lado, é bom não esquecer que a Europa não pode nem deve descurar a sua própria defesa e segurança. O que há de novo aqui é que a Europa tem de assumir o seu novo desafio estratégico.

Existe, porém, um aspecto extremamente importante e curioso a termos em consideração relacionado com esta questão. Não nos podemos esquecer que os Estados Unidos da América têm vindo a demonstrar um interesse, cada vez maior, pelo Oceano Pacífico. Acerca deste assunto, o Prof. Adriano Moreira escreveu o seguinte:

"O Oceano Americano não é o Atlântico, é o Pacífico. A História americana, os valores populares da heroicidade, cresceram a caminho do Farwest, não a caminho do Atlântico. O Atlântico foi o envolvimento exigido pela História dos outros, porque a história matricial encaminhava-os para o Pacífico..."[10]

Por outro lado, o desenvolvimento da unidade europeia conduziu-nos a um conceito que é o de sermos um Estado periférico e de os arquipélagos serem ultraperiféricos.

Este conceito de periferia deriva fundamentalmente da filosofia do mercado e tem, como sabemos, implicações de vária ordem, designadamente no que se refere ao desenvolvimento das infraestruturas das regiões menos desenvolvidas do espaço comunitário. Este conceito nada tem a ver e não se aplica ao facto básico que permitiu o desenvolvimento da Europa económica, que foi a segurança.

Deste ponto de vista da segurança, e no que diz respeito ao nosso espaço inter-territorial, tanto os Açores como a Madeira, não são arquipélagos periféricos nem ultra-periféricos, constituem, isso sim, a fronteira entre

---

[10] Adriano Moreira, *op. cit. p. 20.*

Portugal-Europa. 25 anos de adesão

a Europa e os Estados Unidos da América e são, de igual modo, o elemento fundamental de articulação da segurança.

E é, de igual modo, também neste contexto, que os arquipélagos portugueses, designadamente os Açores, desempenham o papel de elo essencial entre o continente europeu e o continente norte-americano, como se constatou ao longo do século XX, designadamente durante o último conflito mundial, a Guerra Fria, assim como na actualidade.

Um segundo aspecto, de igual modo extremamente importante, tem a ver com o facto de não se poder falar em segurança no Atlântico Norte sem haver segurança no Atlântico Sul. É, de facto, no Atlântico Sul onde passa uma parte significativa dos recursos essenciais à sobrevivência europeia, tal como grande parte do petróleo e outras matérias-primas, sem os quais a máquina ocidental viria inevitavelmente a paralisar.

Não nos podemos esquecer, de igual modo, que é exactamente nessa região do mundo onde se fala português nas suas duas margens.

Quer o Brasil, quer os países de expressão oficial portuguesa devem, em nosso entender, ter uma visão, o mais consensual possível, acerca da problemática da segurança do Atlântico Sul.

Consequentemente, torna-se premente que haja, de facto, uma política de segurança comum a todos os países no que concerne especificamente ao Atlântico Sul. Neste contexto, o espaço inter-territorial português está na fronteira e na área de responsabilidade de articulação entre a segurança do Atlântico Norte e a segurança do Atlântico Sul. Poder-se-á, então, dizer que tanto numa perspectiva leste-oeste, isto é entre a Europa e os Estados Unidos da América, como numa perspectiva norte-sul, o arquipélago dos Açores desempenha, na realidade, um papel extremamente relevante e que deve ser realçado.

Igualmente no contexto da segurança do Atlântico Sul, a Comunidade de Países de Língua Oficial Portuguesa tem, em nosso entender, um papel de relevo a desempenhar em todo este processo. Não podemos permanecer no campo das intenções. Há que, em conjunto, desenvolver os esforços necessários por forma a que possamos ter uma política bem definida e coerente entre todos os Estados que falam Português.

É necessário, é de facto, imperioso que se construa uma nova ordem internacional. Em nossa opinião, não poderá ser apenas a OTAN a participar nessa construção. A ONU, e designadamente o seu Conselho de Segurança, deve continuar a ser a instituição por excelência onde essas questões são equacionadas e, porventura, resolvidas. Voltando ao caso português e no que diz respeito ao nosso relacionamento com o continente africano, e pesem embora as dificuldades de vária ordem que afectam os países africanos de expressão oficial portuguesa, estes devem continuar a ser uma referência da nossa política externa.

No entanto, a nova arquitectura europeia não pode abandonar o atlantismo, que para ela é, em grande parte, africanismo, e que não se compadece com o federalismo clássico, nem com a negação das solidariedades criadas no Atlântico Norte em meio século de colaboração, nem com a rejeição de responsabilidades no Atlântico Sul.

A recente cimeira da OTAN, que decorreu no passado mês de Novembro em Lisboa, adoptou o seu novo conceito estratégico que perdurará até 2020. No âmbito das novas ameaças que terá de fazer face, o terrorismo internacional surge como uma das mais importantes. Por outro lado, os conflitos no Iraque e no Afeganistão também constituem aspectos essenciais a ter em consideração nesse conceito estratégico.

O ciberterrorismo, as alterações climáticas e o surgimentos de novos Estados no panorama geopolítico internacional, como o Brasil, a Rússia, a Índia e a China (BRIC), são novos elementos a ter em consideração no âmbito do novo sistema internacional que se está a construir.

Por outro lado, Michael Mandelbaum, num recente livro, escreveu que dada a complexa e difícil realidade financeira e económica mundial, que também tem efeitos no seu país, os Estados Unidos da América terão, inevitavelmente, de proceder a alterações na condução da sua política externa na medida em que terão menos disponibilidade financeira disponível para esse fim.[11] Independentemente deste aspecto muito importante a ter em consideração, a maioria dos analistas da política externa norte americana, de Joseph Nye a Henry Kissinger, estão de acordo no que diz respeito ao facto de que a superioridade estratégica dos Estados Unidos da América não será ameaçada por qualquer outro país nas próximas décadas.[12]

Por outro lado, Portugal também terá de proceder, como, aliás, tem vindo a fazer, a uma maior racionalização e contenção de despesas o que, obviamente, terá implicações na implementação da sua política externa.

Independentemente do que venha a suceder, Portugal não pode nem deve alterar as principais directrizes da sua política externa, constituindo o arquipélago dos Açores um elemento fundamental para a sua definição.

---

[11] Michael Mandelbaum, *The Frugal Superpower – America's Global Leadership in a Cash-Strapped Era*, Public Affairs, New York, 2010, pp. 35-63.

[12] Laurent Cohen-Tanugi, *The Shape of the World to Come- charting the geopolitics of a new century*, Columbia University Press, New York, 2008, p. 84.

Muito embora o Pacífico já seja o oceano do século XXI, a ligação entre a Europa e os Estados Unidos da América continuará a ser muito importante para aqueles dois continentes.

E é exactamente neste contexto que o arquipélago dos Açores surge como o elo essencial de ligação entre a Europa e a América do Norte, designadamente entre Portugal e os Estados Unidos da América. E isto porque são ainda os Açores que concedem a Portugal algum poder funcional no que diz respeito à negociação internacional.

Carlos Amaral

Autonomia e Liberdade.
25 Anos de Integração Europeia dos Açores

Universidade dos Açores

Carlos Amaral é Professor Auxiliar, com Agregação, da Univer-sidade dos Açores e detentor da Cátedra Jean Monnet daquela academia. Coordenador do Núcleo de Estudos Europeus da mesma Universidade e Investigador do CEIS20. É autor, entre outras, das seguintes publicações: *Do Estado Soberano ao Estado das autonomias. Regionalismo, subsidiariedade e autonomia para uma nova ideia de Estado*, Porto, Edições Afrontamento, 1998, publicado igualmente em Blumenau, no Brasil, pela EDIFURB, em 2002; "The Self, the Media and Political Commu-nity", in Fabienne Maron, Ioan Horga e Renaud de la Brosse, eds., *Media and Good Governance Facing the Challenge of EU Enlargement*, Bruxelles, International Ins-titute of Administrative Sciences, 2005; "O Estado e os novos sujeitos das relações internacionais: União Europeia e Regiões Autónomas", in J. L. Brandão da Luz, org. *Caminhos do Pensamento Homenagem ao Professor Doutor José Enes*, Lis-boa, Colibri, 2006.

Mudam-se os tempos, mudam-se as vontades;
Muda-se o ser, muda-se a confiança;
Todo o mundo é composto de mudança;
Tomando sempre novas qualidades.

E, se calhar, nunca as palavras imortais do *Príncipe dos poetas* portugueses se revestiram de maior actualidade, no país, como no planeta e, obviamente, nos Açores também.

E afora este mudar-se cada dia,
[conforme o conhecido soneto encerra]
Outra mudança faz, de mor espanto:
Que não se muda já como soía.

A crise, que cada dia que passa parece agudizar-se, mais não constituirá do que expressão da disfunção resultante da incapacidade do quadro teórico e dos instrumentos conceptuais de que dispomos para enformarem, fazerem sentido e lidarem cabalmente com a mudança, isto é, com as novas realidades com que somos confrontados. A crise, portanto, não decorre da mudança, uma constante, não só da condição humana, mas da própria vida na terra. Recorrendo ao *Poeta*, poder-se-á dizer haver crise, isso sim, quando a mudança não se opera "como soía", exigindo-se, portanto, uma revolução epistemológica, um novo quadro conceptual, capaz de voltar a domá-la e de reintroduzir a ordem e a predictabilidade no mundo e nas relações sociais. E são momentos como o actual que reclamam com maior veemência o pensamento filosófico, num duplo sentido: analítico, de compreensão das novas realidades, e utópico, de desenvolvimento de quadros conceptuais inovadores, capazes de nos habilitar, uma vez mais, a identificar e a domar as grandes linhas de força que norteiam este *admirável mundo novo* e, consequentemente, a agir nele, de forma racional e direccionada.

Ora, mudança é, estamos em crer, o conceito que melhor sintetiza aquilo que 25 anos de integração europeia significaram para os Açores, para a autonomia açoriana e, por arrastamento, para o próprio processo de integração europeia. Situando-se no primeiro momento de reflexão filosófica acima referido, de análise crítica com vista à compreensão da realidade, o presente artigo procurará identificar o modo como os Açores e a autonomia açoriana mudaram ao longo dos últimos 25 anos e, paralelamente, apontar para o modo como a própria União Europeia mudou no modo como lida com o fenómeno das autonomias regionais.

Portugal-Europa. 25 anos de adesão

1. Não nos iremos deter nas mudanças que 25 anos de integração europeia imprimiram aos Açores. Elas são de tal modo flagrantes e evidentes – aos mais variados níveis, do social ao económico, do cultural ao político – que nos dispensam de nelas nos termos que alongar. Para efeitos desta reflexão alguns indicadores fundamentais bastarão. Atirados para uma história de quase abandono e de autarcia, os Açores de inícios da década de 80 eram uma Região[1] carenciada de praticamente tudo: portos, aeroportos e estradas, capazes de permitir comunicações e transportes eficazes, dentro das ilhas, entre as ilhas e com o exterior; escolas, para além das dos *planos dos centenários*, onde os jovens açorianos pudessem vencer definitivamente os elevados índices de analfabetismo que apresentavam e aprender mais do que as primeiras letras; uma Universidade capaz, por um lado, de formar os ilhéus, de travar a saída dos seus jovens para as Universidades do Continente, em particular para Coimbra que, por força do número de açorianos que nessa cidade se viriam a fixar, chegou a ser identificada como uma ilha adicional do Arquipélago, e, por outro, de dotar a Região dos quadros adequados ao seu processo de desenvolvimento integral; de hospitais e de centros de saúde capazes de assegurar a todos os açorianos os cuidados de saúde fundamentais e de eliminar de forma definitiva os índices aterradores que as ilhas conheciam, por exemplo, em termos de mortalidade infantil, e de acesso, em geral, aos cuidados de saúde; na reforma do tecido produtivo regional, em particular no que toca à dependência do sector primário e de uma economia quase de subsistência e de troca directa etc., etc.

Tanto assim era que, ao novo regime autonómico açoriano decorrente da revolução de Abril de 1974, se impôs nada menos do que a tarefa de forjar a novel Região Autónoma a partir de três Distritos e de nove ilhas, e de reconfigurar a sociedade açoriana, trazendo-a para a modernidade. Acresce que até à primeira metade da década de oitenta, era dos Estados Unidos que chegavam os principais instrumentos de que o Governo Regional dos Açores dispunha para financiar uma tal actividade. Com o início das negociações de adesão, porém, viria a assistir-se a um duplo fenómeno. Por um lado, ao decréscimo dos proveitos oriundos dos Estados Unidos, até à sua quase total eliminação. Por outro, a um envolvimento crescente da União Europeia no processo de desenvolvimento dos Açores. Um envolvimento que se iniciaria ainda antes da assinatura do Tratado de Adesão e que ficaria consagrado no próprio Tratado, e nos respectivos anexos, vindo a conhe-

---

[1] Se assim nos podemos exprimir já que as suas partes constituintes, a ilhas e os municípios, não apresentavam grande noção de identidade comum ou de unidade.

Autonomia e Liberdade. 25 Anos de Integração Europeia dos Açores

cer expressão particularmente paradigmática na adopção dos conhecidos POSEI, programas de opções específicas de apoio às Regiões Ultraperiféricas da União. Numa palavra, ao longo destas últimas três décadas de integração europeia dos Açores, se contarmos com a pré-adesão, o envolvimento da União Europeia viria a crescer ao ponto de se tornar omnipresente, contexto em que, hoje, praticamente nada de relevo se faz nos Açores sem ser com a chancela e o financiamento, directo ou indirecto, da União Europeia.

2. A adesão plena dos Açores ao processo de construção europeia viria a mudar radicalmente a vivência insular no arquipélago aos mais variados níveis, tanto na cultura, como na economia, nos transportes, na saúde e no ensino. E, ao longo das últimas três décadas, também o paradigma autonómico açoriano se viria a alterar – se bem que, a julgar apenas pelo texto, seja da Constituição da República, seja do Estatuto de Autonomia do Arquipélago, e pelas propostas de revisão de ambos que têm vindo a ser apresentas, os Açores, e o país, permaneçam arreigados ao passado e, por esta via, a um universo que já não existe sequer.

Ao longo dos últimos anos abateu-se sobre a autonomia açoriana uma crise estrutural. Não por causa das famosas, ou infames, agências financeiras, mas por permanecer arreigada a um modelo de organização social e política que entretanto se alterou profundamente. E a insistência nas velhas soluções mais não faz do que agudizar ainda mais a crise. Uma crise que, em termos políticos, ameaça o próprio âmago da autonomia política regional.

Para efeitos do argumento que aqui interessa apresentar, poder-se-á organizar a já centenária experiência autonómica açoriana em dois grandes registos ou modelos, podendo, o segundo, ser igualmente subdivido em dois. O primeiro, no século XIX e na primeira metade do século XX, foi um modelo de descentralização, isto é de autonomia estritamente administrativa. O segundo, inaugurado pela revolução de Abril, foi um modelo de autonomia em sentido estrito, conhecendo, portanto, uma importante dimensão política. Este último deverá ainda ser subdividido em dois grandes momentos. Podemos classificar o primeiro como sendo de "separação e garantia", e o segundo, mais recente, de "participação e colaboração".

No século XIX, e na primeira metade do século XX, ao reclamarem autonomia, era por um maior envolvimento do Estado na vida social e política do arquipélago que os Açores ansiavam. Neste contexto, o que se pretendia da autonomia, não era retirar poder ao centro, trazendo-o para os Açores, a fim de poder ser exercido no local directamente pelas populações.

64
Portugal-Europa. 25 anos de adesão

Pelo contrário, sendo de cariz apenas administrativo, a autonomia propunha-se constituir ocasião para que o governo nacional se envolvesse mais, estivesse mais presente e adoptasse mais políticas para os Açores – as quais contariam, isso sim, com os governos autónomos dos ex-Distritos, para as adaptar à realidade insular e as aplicar em concreto.

No segundo modelo, a autonomia conheceria uma dimensão nova, passando de distrital a regional e abarcando, de feição unitária, as nove lhas do arquipélago. Para além disso, ela viria a decorrer de exigências diferentes e conhecer um significado novo, assentando sobre três grandes pilares essenciais. Primeiro, no reconhecimento de uma diferença, de uma identidade específica dos Açores e dos açorianos capaz de sustentar e de legitimar a autonomia: a *açorianidade*, designação já cunhada por Nemésio. Assim, dentro do quadro do *interesse geral* da nação portuguesa, pela diferença e pelas condições específicas de que se revestem, aos Açores iriam ser reconhecidos *interesses específicos*.

Em segundo lugar, as matérias concretas em que esses *interesses específicos* açorianos se traduzem deveriam ser destacadas do *interesse geral* nacional e, por isso mesmo, retiradas aos órgãos centrais do Estado para serem entregues à Região, que passaria a lidar com elas autonomamente. Nestes termos, proceder-se-ia a uma organização estritamente dualista do poder em duas grandes esferas. Por um lado, a esfera do poder central, correspondendo ao *interesse geral* da nação, como um todo. Por outro, a esfera do poder regional, correspondendo ao *interesse específico* da Região, entendida enquanto parte diferenciada do todo que é a nação portuguesa. E será, portanto, neste contexto que o elenco das matérias que constituem o *interesse específico* regional passaria a conhecer consagração constitucional, de modo a ficar para além do alcance, seja do governo, seja do legislador ordinário nacionais.

Nestes termos, num quadro de soberanias nacionais, nos Açores, como no resto da Europa, a autonomia seria uma espécie de sub-soberania, ou de soberania incompleta, incidindo apenas sobre alguns aspectos específicos, aqueles em que o *interesse específico* regional se viesse a traduzir. No caso das Aaland, por exemplo, o *interesse específico* incidia sobre a língua e a cultura suecas dos seus habitantes. Nestes termos, aquele arquipélago tornou-se autónomo na medida em que, não obstante a sua nacionalidade finlandesa, ao parlamento e ao governo central, em Helsínquia, foi retirada competência para fazer política sobre estas matérias, a qual foi efectivamente transferida para a Região. O mesmo se viria a verificar na generalidade das autonomias europeias, incluindo as dos Açores e da Madeira. Os Açores tornaram-se autónomos na medida em que a Constituição da Repú-

Autonomia e Liberdade. 25 Anos de Integração Europeia dos Açores

blica retira competências à Assembleia da República e ao Governo da República para as transferir para os órgãos de governo próprio regionais: a Assembleia Legislativa Regional e o Governo Regional. Que competências? Aquelas em que a Região apresenta um *interesse específico*, e em que, por isso mesmo, se afasta do *interesse geral*.

Numa palavra. Entendendo a soberania como poder total, a autonomia significava poder parcial, restrito ao *interesse específico* regional. E será neste contexto que o grau de autonomia de uma região se aferirá pela sua capacidade para retirar poder ao centro a fim de o poder exercer no seu próprio seio – até ao limite da secessão e da transformação da autonomia em soberania, ela própria.

Ao longo dos anos oitenta, contudo, a Europa viria a conhecer um fenómeno que acabaria por ter implicações muito directas e muito profundas sobre as autonomias regionais, incluindo a açoriana, como é óbvio, transfigurando-as. Trata-se da nova dimensão política que o processo de integração europeia viria a conhecer, o qual acabaria por desembocar na transformação das *Comunidades Europeias* na *União Europeia*.

Sublinhando o carácter supra-nacional da União Europeia, esta mudança viria a traduzir-se numa transferência de poder político para as instituições Europeias, quer a partir das capitais nacionais, quer a partir das capitais regionais – na medida em que, com o aprofundamento, político, do processo de construção europeia, a União passa a receber poderes que, em muitos casos, haviam já sido transferidos por alguns Estados para a competência das suas Regiões Autónomas.

Ora, uma tal deslocalização de poder político, das capitais, nacionais e regionais, para as instituições europeias viria a inviabilizar, por inteiro, a anterior visão dualista da autonomia regional, assente sobre uma repartição e separação de poderes, não já entre executivo, legislativo e judicial, à maneira tradicional, mas entre órgãos centrais e órgãos regionais de poder. E estas repartição e separação de poderes são inviabilizadas pelo facto, tão simples quanto evidente, da nova centralização de poder, nas instituições europeias.

Por outras palavras, ao assumir uma dimensão política, o processo de integração europeia viria a inviabilizar o anterior paradigma dualista das autonomias regionais e, correlativamente, a exigir a sua substituição por um outro, alternativo. Introduzindo uma realidade monista do poder, já não à escala estatal, mas à escala europeia, a consolidação deste processo acarretaria duas gravíssimas consequências.

Por um lado, a gradual consolidação do supra-nacionalismo, inclusivamente à escala politica, viria, de facto, a afirmar-se a expensas do mo-

Portugal-Europa. 25 anos de adesão

derno paradigma de soberanias estatais, contexto em que, se, *de jure*, a União Europeia é uma criação dos seus Estados-membros, *de facto*, os Estados-membros encontram-se, agora, sob a sua alçada – até mesmo política.

Por outro lado, inviabilizando a ideia moderna de soberania estatal, o supranacionalismo inviabiliza igualmente a ideia congénere de autonomia como sub-soberania, ou soberania limitada ou parcial. E, para além disso, ao mesmo tempo que substitui a ideia de soberania, isto é, de concentração de poder, pela ideia de partilha subsidiária de poder, o processo de integração política europeia reclama a idêntica substituição da ideia de autonomia, perspectivada de forma dualista como sub-soberania – e pelas mesmas razões. Se até a soberania se vê forçada a admitir a partilha do poder, como poderá a autonomia reclamar para si, mais do que uma partilha, o exercício, em exclusividade, de parcelas do poder? Admiti-lo equivaleria a pretender situar a autonomia, regional, acima da soberania estatal – mesmo que apenas em domínios específicos.

Atente-se, por exemplo, ao rol de competências que, quer a Constituição da República, quer os Estatutos, açoriano e madeirense, de autonomia consignam à competência dos respectivos órgãos de poder regionais. A lista, longa, inclui domínios como a Agricultura e o Ambiente, a Saúde e os Transportes, a Economia e a Cultura, as Pescas, entre outros. Tudo domínios que, com o aprofundamento do processo de construção europeia, saltaram para a esfera de competência da União Europeia. E é na União Europeia que as políticas responsáveis pela regulamentação de cada um destes sectores são de facto adoptadas.

Neste contexto, que significado poderá ter dizer-se dos Açores e da Madeira que são autónomos? Destes arquipélagos ou das demais Regiões Autónomas europeias que se definem por serem *Reg. Leg.*, para utilizar a nomenclatura actual, isto é, que são autónomas precisamente na medida em que detêm poder legislativo. Que significado tem, hoje, a autonomia pensada à maneira antiga como capacidade para adoptar políticas próprias às quais, no quadro de um *Estado de direito*, é impressa a forma de lei?

Não há que ter ilusões. Hoje, as políticas, em matéria agrícola como em matéria de pescas, de transportes, de saúde, de educação – para não referir os domínios da economia, da moeda e das finanças, tão na ordem do dia – não são, nem podem ser adoptadas, nas Regiões, sejam elas autónomas, ou não. Por uma razão tão simples quanto evidente: é na União Europeia – e no sistema internacional – que tais políticas são, *de facto* forjadas. Correlativamente, a produção legislativa, a verdadeira produção legislativa – enquanto actividade de expressão concreta das opções políticas adoptadas

Autonomia e Liberdade. 25 Anos de Integração Europeia dos Açores

num regime de *Estado de direito* – de modo algum poderá ser desenvolvida a nível regional.

Trata-se, aliás, de um fenómeno, que encontra um paralelo claro na experiência federal recente, por exemplo nos Estados Unidos, designadamente na superação do paradigma inicial de *federalismo dualista*, "dual federalism", pelo *federalismo de cooperação,* pelo *novo federalismo e, ultimamente, pelo federalismo fiscal.*

Nos tempos de agora, portanto, a autonomia regional vê-se atirada para um patamar novo. Não podendo mais significar capacidade legislativa – desde logo na medida em que essa é em Bruxelas que se encontra, em Bruxelas e nas demais cidades sede de Instituições e de organismos da União Europeia – que faceta, então, poderá assumir?

O liberalismo moderno radica a liberdade no exercício de actividades conforme a vontade. Eu sou livre, proclama Sir Isaiah Berlin de forma paradigmática, na medida em que as minhas acções decorrem de actos da minha vontade e, correlativamente, sinto-me escravizado na medida em que me vejo forçado a agir de acordo com a vontade de outros. Trata-se de uma ideia de liberdade que é aplicável tanto à pessoa concreta que cada um de nós é, como a cada uma das comunidades sociais e políticas em que nos situamos. Daí os ideais modernos de auto-determinação nacional e de soberania, e os seus sucedâneos de regionalismo e de autonomia regional como subsoberania.

Trata-se, porém, de uma ideia de liberdade com exigências muito específicas, quer em termos pessoais, quer em termos sociais. Não nos iremos deter sobre a dimensão pessoal destas exigências, centrando a atenção, isso sim, sobre a vertente social e política. Neste grande quadro conceptual, a liberdade exige, para se manifestar, um universo de Estados soberanos, contexto em que é necessário proceder a um triplo exercício.

Em primeiro lugar, à delimitação de um território por fronteiras estanques, impermeáveis e impenetráveis, capazes de conterem, eficazmente, no seu seio, todos os fenómenos sociais e políticos que se possam manifestar. Uma *pátria*, um âmbito territorial onde a comunidade possa ser livre.

Em segundo lugar, à construção de uma comunidade nacional, de iguais, forjada pelo contrato social de que nos falam, na modernidade, Thomas Hobbes, Jean-Jacques Rousseau, John Locke e tantos outros. Um povo, uma *nação* que possa ser o sujeito dessa mesma liberdade.

Por fim, em terceiro lugar, à identificação de um *poder soberano*, sobre esse território e sobre os fenómenos que nele possam ocorrer. Um poder capaz de permitir a liberdade, entendendo o poder, à maneira da modernidade, como o conjunto dos instrumentos que permitem a uma pessoa, ou a uma comunidade, agir, cumprindo-lhe, portanto, em termos políticos, papéis semelhantes àqueles desempenhados pelo dinheiro, em termos económicos, ou pela gasolina, em termos rodoviários.

Em termos económicos, para ser livre e poder comprar tudo o que entender, não basta que uma pessoa possua algum dinheiro, nem sequer que detenha muito dinheiro. Uma pessoa só será completamente livre quando puder, em cada momento, comprar o que lhe der na gana, sem alguma vez se ver na necessidade de ter que se contentar com menos do que gostaria, por exemplo, por alguém lá ter chegado primeiro, mesmo que com menos dinheiro. Assim, para se encontrar de facto garantida, a liberdade económica plena exigirá, não apenas que uma pessoa tenha algum dinheiro, nem que tenha mais dinheiro do que os outros. Para ser total e absoluta ela exigirá nada menos do que todo o dinheiro disponível!

O mesmo se verifica em termos sociais e políticos. Para a modernidade, a liberdade exige a soberania, isto é, a totalidade do poder político disponível num determinado território. Significa isto que um povo apenas pode ser livre se for soberano. E quando os escrutinamos devidamente, como é função da Filosofia Política fazer, são precisamente considerações desta natureza que encontramos na raiz do ideário de autodeterminação nacional, dos movimentos de descolonização ou até mesmo do Zionismo e do imperativo de construção do Estado de Israel: única via capaz de assegurar a liberdade dos judeus.

Ora, a integração supra-nacional a que assistimos nos nossos dias (para já não falar do fenómeno ainda mais amplo e mais profundo da globalização) assenta precisamente sobre a refundação de cada uma destas três grandes concepções modernas, 1) do âmbito que possibilita a liberdade, 2) do sujeito da liberdade e 3) dos instrumentos que permitem a liberdade.

Na verdade, 1) a vida social e política contemporânea reclama, mais do que o Estado, a União Europeia e o sistema internacional, 2) os destinos colectivos das nações encontram-se com frequência consolidados, e expostos a forças que se encontram muito para além das suas capacidades de controlo, como a actual crise financeira demonstra com eloquência, e 3) nenhum Estado detém instrumentos que lhe permitam agir eficazmente no mundo só por si (foi por isso, aliás, que há mais de meio século se assistiu ao desencadear do processo actual de integração europeia).

Neste amplo contexto em que vivemos, que significado poderá, então ter a liberdade? Com poderá ser possível? Ou estaremos condenados à sujeição a forças mais poderosas, sejam elas outros Estados, organizações internacionais ou agências de *rating*?

Autonomia e Liberdade. 25 Anos de Integração Europeia dos Açores

O quadro de erosão de soberanias em que o fenómeno de construção política europeia nos situa atira-nos para um contexto de partilha do poder político. Nestes termos, exige-se uma nova concepção de liberdade já que, perspectivada à maneira anterior, ninguém, nenhum Estado, poderá ser livre.

Num contexto de partilha de poder, a única liberdade a que é possível aspirar encontra-se na participação no exercício conjunto do poder.

É assim que no quadro da integração política supra-nacional europeia, o princípio de soberania cede necessariamente o lugar à participação no exercício conjunto do poder nas Instituições supra-nacionais próprias da União Europeia. Nestes termos, assiste-se a uma transfiguração do próprio conceito de liberdade. E se, dantes, num contexto de soberania, os portugueses, por exemplo, seriam livres na exacta medida em que mandavam em Portugal e sobre todos os fenómenos que se desenrolassem no território nacional, hoje, num contexto de integração europeia, a nossa liberdade passa, isso sim, pela nossa capacidade de participação nas Instituições e nos organismos europeus onde, em conjunto, são definidas as políticas para toda a União.

Liberdade, passa a significar participação no exercício conjunto do poder e capacidade de adequação das políticas gerais adoptadas para toda a União às características e às especificidades de cada um dos seus membros.

Ora, sendo este o quadro que se impõe a nível estatal, como é que a nível regional se poderá insistir num registo aparentemente mais robusto e permanecer refém dos parâmetros de uma Europa de soberanias que há muito deixou, de facto, de existir? Na verdade, aquilo que se verifica ao nível das soberanias estatais, aplica-se igualmente, e com maior força de razão, aliás, ao universo conceptual das sub-soberanias regionais. Não o compreender, permanecer prisioneiro do tempo, e insistir em perspectivar e, pior do que isso, em viver, a autonomia regional à luz dos parâmetros conceptuais do passado mais não constituirá do que retirar-lhe, por inteiro, qualquer viabilidade ou capacidade de acção política – o que será equivalente a transformá-la numa autêntica farsa.

3. O que nos traz à terceira e última grande manifestação de mudança que importa sublinhar: mudança da própria União Europeia e dos papéis que reserva às suas Regiões autónomas.

Nestes últimos 25 anos de integração Europeia, os Açores mudaram substancialmente. A Autonomia adquiriu, na Europa, um significado renovado. E a União Europeia mudou igualmente o modo como perspectiva a suas regiões e se relaciona com elas. De facto, a Europa começou por ser

70
Portugal-Europa. 25 anos de adesão

afazer de Estados e para Estados, não reservando, por isso, qualquer espaço para as suas Regiões Autónomas: os Länder alemães e as Regiões autónomas italianas. E terá sido precisamente pelo facto de a Europa não disponibilizar às Regiões Autónomas qualquer possibilidade de acesso, seja à sua estrutura institucional, seja ao seu processo de tomada de decisão, que, no primeiro alargamento, as Regiões Autónomas dinamarquesas e inglesas optaram por não aderir com os seus respectivos países ao processo europeu, ficando de fora das então Comunidades Europeias.

No entanto, já no terceiro alargamento, a Portugal e Espanha, dada a organização regional espanhola e, no caso português, as características específicas de que se revestiam as Regiões Autónomas dos Açores e da Madeira, a par das necessidades também singulares que apresentavam, por exemplo em termos de desenvolvimento socio-económico, a Comissão Europeia foi capaz de arrepiar caminho, garantindo a integração plena destas Regiões. Num primeiro momento, a integração da Região Autónoma espanhola das Canárias seria apenas parcial, vindo aquela Comunidade Autónoma a optar, pouco depois, por uma integração plena face à disponibilidade entretanto demonstrada pela Comissão para adoptar políticas específicas para as Regiões Autónomas portuguesas e, bem assim, para aceitar dialogar com as autoridades regionais, seja com cada uma delas individualmente, seja com as múltiplas organizações de cooperação inter-regional que se viriam a desenvolver ao longo dos anos oitenta do século XX no quadro do Conselho da Europa, primeiro e, logo de seguida, no quadro das próprias Comunidades Europeias.

Serve isto para dizer que, com o decorrer dos anos, a União Europeia viria a reconhecer a natureza política das suas Regiões Autónomas e, correlativamente, a associá-las, quer à sua estrutura institucional, quer ao seu processo de tomada de decisão. Um primeiro passo foi o desenvolvimento de políticas gerais unitárias para toda a União e, simultaneamente, de políticas específicas diferenciadas para aquelas parcelas do seu território e para as comunidades nelas estabelecidas que apresentam características próprias e, correlativamente, necessidades igualmente diferenciadas, como por exemplo, as regiões de montanha, as regiões industriais degradadas, as ilhas e, por fim, as regiões ultraperiféricas.

Ao longo dos útimos anos, a Europa tem-se vindo a abrir às suas Regiões Autónomas, a ritmo lento, porém crescente, disponibilizando-lhes mecanismos e ocasiões formais de exprimirem e salvaguardarem a condição de autonomia que as enforma. Uma década após o terceiro alargamento, o Tratado de Maastricht, viria a institucionalizar o primeiro grande organismo de associação formal das Regiões europeias à estrutura e ao processo de

Autonomia e Liberdade. 25 Anos de Integração Europeia dos Açores

decisão da União: o Comité das Regiões. Mais tarde, quer a defunta proposta de Tratado constitucional, quer o Tratado de Lisboa, viriam a consagrar novos e importantíssimos mecanismos de associação das Regiões Autónomas ao processo legislativo europeu, designadamente através de duas grandes vias.

Em primeiro lugar, pela associação dos Parlamentos Regionais ao Processo Legislativo Europeu, por força dos mecanismos de aplicação dos princípios de subsidiariedade e de proporcionalidade previstos nos Protocolos anexos ao Tratado. Em segundo lugar, pelas novas oportunidades que se abrem às Regiões Autónomas, incluindo, como é óbvio, os Açores, em termos da transposição para o ordenamento jurídico regional das directivas europeias.

E será este, então, o contexto em que, no actual quadro político, marcado pela integração supra-nacional e pela globalização, no *Velho Continente*, as Regiões dispõem de condições para se apresentarem e viverem a sua condição de agentes autónomos: participando nos processos de decisão da União Europeia e dispondo de condições para serem elas a proceder à adequação do quadro normativo geral da União às condições e às necessidades específicas que apresentam. Parece estar a cumprir-se, nos nossos dias, a velha aspiração de uma Europa das Regiões. Não de uma Europa em que as Regiões pouco mais serão do que cavalos de batalha para a desintegração dos Estados e a construção da grande Europa federal, qual super Estado da dimensão do continente, como propugnado por alguns no imediato pós II Guerra Mundial. Mas de uma Europa que passa a ser, também, das suas Regiões.

Em conclusão, a mudança é, indubitavelmente, o conceito que melhor caracteriza estes 25 anos de integração europeia dos Açores. Uma mudança que é profunda, substancial, e que assume três grandes contornos. Mudaram, os Açores e a autonomia regional, mas também a União Europeia e o modo como ela se relaciona com as suas Regiões Autónomas.

BIBLIOGRAFIA

AMARAL, Carlos E. Pacheco "Constituição Europeia e Europa das Regiões", in *O Direito*, nº 137, Vol. IV-V, Lisboa, 2005, pp. 671-686;

AMARAL, Carlos E. Pacheco, "O Estado e os novos sujeitos das relações internacionais: União Europeia e Regiões Autónomas", in J. L. Brandão da Luz, org. *Caminhos do Pensamento. Homenagem ao Professor Doutor José Enes*, Lisboa, Colibri, 2006, pp. 415-430;

Portugal-Europa. 25 anos de adesão

AMARAL, Carlos E. Pacheco, "Autonomy, Subsidiarity and the State", in Stuart Nagel, ed., *Policymaking and Democracy. A multinational anthology*, Lanham, Boulder, New York, Oxford, Lexington Books, 2003

AMARAL, Carlos E. Pacheco, *Do Estado soberano ao Estado das autonomias*, Porto, Edições Afrontamento, 1998;

ANDERSON, George, *Fiscal Federalism: a Comparative Introduction*, Ontario, New York, Oxford University Press, 2010;

BERLIN, Isaiah, *Four Essays on Liberty*, London, New York, Oxford, University Press, 1969;

CAMÕES, Luís Vaz, *Rimas*, ed. de Álvaro Júlio da Costa Pimpão, Coimbra, Almedina, 1994;

CORDEIRO, Carlos Alberto da Costa, *Nacionalismo, regionalismo e autoritarismo nos Açores durante a I República*, Ponta Delgada, Salamandra, 1999;

CORDEIRO, Carlos Alberto da Costa,"Identidade e autonomia: o debate nos Açores", in Maria Manuela Tavares Ribeiro, coord., *Europa em mutação: cidadania, identidades, diversidade cultural*, Coimbra, Quarteto, 2003;

SANDEL, Michael, ed., *Liberalism and its Critics*, New York, New York University Press, 1984;

SCHUTZE, Robert, *From Dual to Cooperative Federalism. The Changing Structure of European Law*, Oxford, Oxford University Press, 2009;

SOROMENHO-MARQUES, Viriato, *A revolução federal. Filosofia política e debate constitucional na fundação dos E.U.A.*, Lisboa, Colibri, 2002.

Nuno Severiano Teixeira

Os desafios da Defesa Europeia: do Tratado de Lisboa ao novo conceito estratégico da NATO

Universidade Nova de Lisboa

Nuno Severiano Teixeira é Professor Associado com Agregação da Faculdade de Ciências Sociais e Humanas e Pró-Reitor da Universidade Nova de Lisboa. É autor, entre outras, das seguintes publicações: *Europa do Sul e a Construção Europeia*, coordenação com António Costa Pinto, Imprensa de Ciências Sociais, Lisboa 2005; "Portugal na Europa Vinte Anos Depois", *Nação e Defesa*, nº 115, Outono/Inverno 2006, IDN, Lisboa, 2006; *Portugal e a Integração Europeia 1945-1986*, coordenação, com António Costa Pinto, Círculo de Leitores e a Temas e Debates, Lisboa, 2007.

O Tratado de Lisboa constitui, discutivelmente, um momento fundamental na história da construção europeia. Com a sua entrada em vigor, em 1 de Dezembro de 2009, a União Europeia passou a dispor de um conjunto de instrumentos institucionais para melhor responder aos desafios que enfrenta, quer no plano interno – com as mudanças da estrutura institucional para adaptá-la e garantir a sua eficácia numa Europa alargada a 27 – quer no plano internacional, com o reforço dos mecanismos de acção externa que lhe permitem maior consistência e maior coerência na resposta aos desafios de um mundo globalizado.

Com o Tratado de Lisboa, os instrumentos institucionais existem. Resta, agora, saber se a União Europeia será, politicamente, capaz de os traduzir num aprofundamento do processo de construção europeia. De um ponto de vista geral, espera-se que possam concretizar-se num avanço em três domínios fundamentais. Primeiro, na racionalização da estrutura institucional com maior rapidez e maior eficácia no processo de decisão. Segundo, no aumento da transparência e da legitimidade democrática, através do reforço do papel dos cidadãos e dos seus representantes. Terceiro, no fortalecimento dos mecanismos de acção externa da União e, em particular, em matéria de segurança e defesa.

1. Uma década de Política Europeia de Segurança e Defesa

Tornada possível pelo Acordo franco-britânico de Saint Malo, em 1998, e lançada nas cimeiras europeias de Colónia e Helsínquia, em 1999, a Política Europeia de Segurança e Defesa (PESD) foi consagrada no Tratado de Nice, em 2000. E, desde então, independentemente das vicissitudes políticas dos diversos tratados, a PESD tem sido uma das áreas mais dinâmicas do processo de integração europeia.

Historicamente, a construção europeia tem sido concretizada segundo dois grandes métodos. Por um lado, o método dos primeiros federalistas que, em certa medida, regressa nos últimos anos, nomeadamente, na preparação do Tratado Constitucional da União Europeia. Desenvolve-se no sentido de cima para baixo, concentra-se na tentativa de definição de uma grande visão política e uma arquitectura institucional correspondente para a UE e procura atingir um "estado final". Por outro, o método que prevaleceu desde a apresentação do projecto comunitário por Robert Schuman, em 1950. Desenvolve-se no sentido inverso e procura aliar o ideal europeu à demonstração da capacidade de resolução dos problemas comuns aos cidadãos da Europa, num processo de construção constante, que parece, sempre,

Portugal-Europa. 25 anos de adesão

inacabado. Ficou conhecido na história da construção europeia como o "método dos pequenos passos".

Resultado das várias experiências históricas, não podemos deixar de admitir que as tentativas de queimar etapas – como ficou demonstrado quer no caso da Comunidade Europeia de Defesa, no início do processo de integração, quer no caso do Tratado Constitucional, mais recentemente – tendem a provocar recuos sérios e nem sempre fáceis de reverter. Ao contrário, o "método dos pequenos passos", sem dúvida mais paciente e trabalhoso, tem dado provas de sucesso. E a PESD é um bom exemplo deste segundo método.

Sustentada nos princípios e valores comuns em que assenta a União, designadamente, a liberdade, a democracia, e o respeito pelos direitos do Homem e pelas liberdades fundamentais, a PESD tem sido construída, desde 1999, através de passos concretos e prudentes, mas sólidos, nos diversos planos – institucional, das capacidades, operacional e doutrinário – tendo, mesmo, ido além do que estava definido pela letra do Tratado[1].

No plano institucional, a União Europeia dispõe, hoje, de uma estrutura capaz de responder a decisões políticas com implicações de natureza militar. O quadro institucional traçado em Helsínquia e consagrado em Nice integra um Comité Político e de Segurança, um Comité Militar e um Estado--Maior da UE, reunindo os necessários mecanismos de decisão e direcção em matéria militar e em pleno funcionamento.

No plano das capacidades, e seguindo uma metodologia semelhante à definida em Helsínquia, embora com um nível de ambição renovado, foi aprovado em 2004 um documento orientador, designado *Objectivo Global 2010*[2], que prevê a criação de uma capacidade de Resposta Rápida europeia capaz de intervir em missões militares de manutenção de paz, de imposição da paz e de gestão de crises. Nesta capacidade inclui-se a formação dos Agrupamentos Tácticos (*Battle Groups*), cuja capacidade operacional plena foi declarada em Janeiro de 2007. Na sequência deste documento estratégico, foi aprovado durante a Presidência Portuguesa do Conselho da UE, no

---

[1] Para um balanço dos 10 anos da PESD, veja-se por todos Giovani Grevi, Damien Helly, Daniel Kehoane, Edited by, *European Security and defense Policy, The First Ten Years*, Institute for Security Studies, Paris, 2009.

[2] O Objectivo Global 2010 (*Headline Goal 2010*) foi aprovado pelo Conselho de Assuntos Gerais e Relações Externas a 17 de Maio de 2004 e subscrito pelo Conselho Europeu de 17-18 de Junho do mesmo ano. O texto encontra-se disponível em http://consilium.europa.eu/uedocs/cmsUpload/2010%20Headline%20 Goal.pdf

Os desafios da Defesa Europeia: do Tratado de Lisboa ao novo conceito...

segundo semestre de 2007, o *Catálogo de Progressos* em que se descreve o actual momento em matéria de capacidades militares e se identificam as principais lacunas e prioridades estratégicas até 2010. Desta identificação destacam-se três áreas fundamentais: a protecção de forças; a capacidade de projecção, em particular, no que concerne ao transporte estratégico e a superioridade na recolha de informação (*intelligence*).

No plano operacional, a UE está há uma década, permanentemente, no terreno a realizar missões. Primeiro, ao abrigo dos Acordos "Berlin Plus", em coordenação com a NATO, depois, de forma autónoma. Procurando responder aos desafios de segurança e estabilidade regional, a União Europeia promoveu, já, mais de duas dezenas de missões PESD, civis e militares, por todo o mundo e tem hoje no terreno cerca de 7000 homens e mulheres, distribuídos pelas 13 missões em curso[3].

Finalmente, no plano doutrinário, foi apresentada, em 2003, a Estratégia de Segurança Europeia[4] que identifica as principais ameaças à segurança comum. Este foi um documento inédito na construção europeia, já que definiu uma doutrina estratégica e uma visão conjunta para a acção externa. Cinco anos depois da sua aprovação e à luz do novo contexto internacional e dos novos desafios que se colocam à União, o, então, Secretário-Geral do Conselho e Alto Representante para a Política Externa, Javier Solana, apresentou, no Conselho Europeu de Dezembro de 2008, um documento de avaliação da implementação da estratégia com uma proposta de actualização dos objectivos e ambições da UE para a próxima década, em matéria de acção externa e que constitui a nova Estratégia de Segurança Europeia[5].

---

[3] A União Europeia realizou até hoje um total de 22 missões. Tem, hoje, em curso, 13 missões, sendo 2 exclusivamente militares; 2 civis-militares e as restantes exclusivamente civis.

[4] A estratégia europeia em matéria de segurança, intitulada *Uma Europa segura num mundo melhor*, foi aprovada pelo Conselho Europeu de 12 de Dezembro de 2003. O texto encontra-se disponível em http://www.consilium.europa.eu/uedocs/cmsUpload/031208ESSIIP.pdf.

[5] O Conselho Europeu, em Dezembro de 2007, convidou o Secretário-Geral do Conselho e Alto Representante para a Política Externa, Javier Solana, para, em conjunto com a Comissão e com os Estados-Membros, analisar a implementação da Estratégia e propor novos elementos para uma melhor execução da mesma. O relatório final apresentado ao Conselho da UE encontra-se disponível em http://register.consilium.europa.eu/pdf/en/08/st17/st17104.en08.pdf.

Portugal-Europa. 25 anos de adesão

Resultado deste percurso, e analisadas as etapas já percorridas, as avaliações sobre o balanço da PESD dividem-se. Uma divisão que tem por base a clivagem histórica entre as duas concepções estratégicas para a segurança europeia: a concepção continental e a concepção atlantista. Por um lado, aqueles que, defendendo o modelo do "exército europeu", consideram que se está muito "aquém" do objectivo a alcançar. Por outro, os que entendem que a segurança europeia é, basicamente, a defesa atlântica e que consideram, portanto, que já se foi muito "além" do que seria necessário.

Contudo, esta é uma clivagem que, hoje, não faz mais sentido. Perante as ameaças e riscos do presente, é necessário ultrapassar as concepções do passado. E, sobretudo, encarar, sem preconceitos, os desafios do futuro.

2. Os desafios da Política Comum de Segurança e Defesa depois do Tratado de Lisboa

Preparar a Defesa Europeia para os desafios estratégicos e de segurança da próxima década significa duas coisas. Significa, em primeiro lugar, definir o nível de ambição da União Europeia para a sua política de segurança e defesa. E significa, em segundo lugar, identificar e promover as adaptações necessárias à concretização dessa política, nos planos institucional, das capacidades, operacional e conceptual. Tanto na primeira como na segunda, o Tratado de Lisboa constitui um instrumento fundamental.

No quadro do Tratado de Lisboa[6], a Política Comum de Segurança e Defesa (PCSD), como já antes a PESD, no Tratado de Nice, desenvolve-se no quadro da Política Externa e de Segurança Comum (PESC) e beneficia, por isso, dos avanços gerais registados na área da acção externa da União, em particular, no plano jurídico, institucional e do processo decisório. Todos eles têm tradução no campo da segurança e defesa. Primeiro, no reconhecimento de personalidade jurídica internacional da União; segundo, na representação externa com a criação dos cargos de Presidente do Conselho e, sobretudo, de Alto Representante para os Negócios Estrangeiros e a Política de Segurança. Assumindo o "duplo chapéu" de Secretário-Geral do Conselho e Vice-Presidente da Comissão, o novo cargo poderá contribuir para uma melhor articulação Conselho/Comissão e uma melhor coordenação dos instrumentos de acção externa divididos entre o primeiro e segundo pilares,

---

[6] A versão consolidada do Tratado da União Europeia encontra-se disponível em http://www.consilium.europa.eu/showPage.aspx?id=1296&lang=en

Os desafios da Defesa Europeia: do Tratado de Lisboa ao novo conceito...

nomeadamente, a ajuda ao desenvolvimento e o instrumento militar. E terceiro, com a adopção de mecanismos facilitadores do processo de decisão, nomeadamente, a extensão das matérias objecto de votação por maioria qualificada, com excepção das que tenham implicações militares.

Mas, mais do que estas alterações de carácter geral, o Tratado de Lisboa regista um não menos importante conjunto de alterações específicas em matéria de segurança e defesa, das quais é importante salientar quatro inovações essenciais.

Em primeiro lugar, uma inovação de carácter semântico, mas com um profundo significado político: a mudança de designação de Política Europeia de Segurança e Defesa para Política Comum de Segurança e Defesa. É a assumpção formal na letra do Tratado de que os Estados-Membros têm interesses comuns de segurança e defesa e que querem desenvolvê-los em conjunto.

Em segundo lugar, a introdução de duas importantes cláusulas de solidariedade em matéria de segurança e defesa. Uma cláusula de defesa mútua (art. 42° n.7), de acordo com a qual "se um Estado-Membro vier a ser alvo de agressão armada no seu território, os outros Estados-Membros devem prestar-lhe auxílio e assistência por todos os meios ao seu alcance". Vem substituir o artigo V do velho Tratado de Bruxelas e significa o compromisso político de ajuda mútua na defesa do território. E uma cláusula de solidariedade (art. 222°), válida em caso de catástrofes naturais ou provocadas pelo Homem, bem como em caso de atentados terroristas, que é a resposta às novas ameaças e riscos. De acordo com estas duas cláusulas, os Estados-membros comprometem-se com acções de assistência mútua aos seus pares em cenários definidos, promovendo o princípio em que a UE se baseia, de solidariedade entre os seus membros.

Em terceiro lugar, e no que concerne à identificação das missões, o Tratado de Lisboa alarga o leque de missões nas quais a União pode utilizar meios civis e militares (art. 43°) – originariamente conhecidas como missões *Petersberg* – enumerando, pela primeira vez, extensivamente, o tipo de missões que se inserem nesta categoria[7].

---

[7] A saber: acções conjuntas em matéria de desarmamento, missões humanitárias e de evacuação, missões de aconselhamento e assistência em matéria militar, missões de prevenção de conflitos e de manutenção da paz, missões de forças de combate para a gestão de crises, incluindo as missões de restabelecimento da paz e as operações de estabilização no termo dos conflitos.

Portugal-Europa. 25 anos de adesão

Finalmente e, em quarto lugar, o Tratado de Lisboa introduz dois importantes mecanismos de cooperação em matéria de segurança e defesa: o mecanismo de cooperação reforçada[8] e o mecanismo de cooperação estruturada permanente[9]. As cooperações reforçadas não são nem um mecanismo novo, nem um mecanismo específico da política de segurança e defesa. Trata-se da extensão da aplicação do mecanismo estabelecido pelos Tratados de Amesterdão e Nice a outras áreas e, em particular, na política externa e de segurança comum, quando estejam em causa objectivos de cooperação que não podem ser atingidos, num prazo razoável, pela União no seu conjunto, desde que, pelo menos, nove Estados-Membros participem no projecto. As cooperações estruturadas permanentes, pelo contrário, são um mecanismo novo e específico da segurança e defesa. Prevêem a possibilidade de uma cooperação mais estreita entre os Estados-Membros que o desejem e demonstrem vontade política e capacidade militar para realizar maiores esforços no domínio da segurança e defesa. O objectivo é claro: ser um catalisador de mudança que estabelece, com critérios acordados entre todos os Estados-membros, um quadro político e um instrumento efectivo para o desenvolvimento de capacidades militares europeias. Pretende-se, objectivamente, que os Estados canalizem os recursos, que, hoje, já despendem com a Defesa, de forma mais orientada para os interesses colectivos, em particular, no que concerne à capacidade de projecção e sustentação de forças e à promoção da investigação e desenvolvimento em matéria de Defesa.

O desenvolvimento deste mecanismo de cooperação poderá ter duas interpretações. Por um lado, os críticos consideram que apenas cria oportunidades para as grandes potências europeias aprofundarem a sua cooperação, deixando os restantes à margem. Mas, por outro lado, sendo um mecanismo aberto e inclusivo, poderá impulsionar o desenvolvimento das capacidades de defesa de todos os Estados-membros, grandes ou pequenos, desde que cumpram os critérios acordados. Isto é, que demonstrem a vontade política de contribuir para a defesa e a segurança comum, e a capacidade militar para integrar esses programas e essas missões. A opção entre estas duas interpretações cabe aos Estados-membros da União Europeia.

---

[8] Título IV do Tratado sobre o funcionamento da União Europeia.

[9] Artigos 42º e 46º do Tratado da União Europeia e Protocolo relativo à cooperação estruturada permanente estabelecida no artigo 42º do Tratado da União Europeia.

Os desafios da Defesa Europeia: do Tratado de Lisboa ao novo conceito...

É claro que a criação destes instrumentos visa, no essencial, um propósito: dotar a União Europeia de uma visão global e integrada, que lhe permita tornar-se um actor com um papel de maior peso na cena internacional e em particular na produção de segurança e estabilidade.

Ora, para que isso aconteça, é fundamental que a União identifique a defesa europeia como um desígnio prioritário e promova um conjunto de adaptações nos planos institucional, conceptual, das capacidades e operacional.

Em primeiro lugar, a adaptação no plano institucional. Para além da definição das ameaças, já consagrada na Estratégia de Segurança Europeia, é, agora, também necessário analisar a forma como estas ameaças se interrelacionam e como a União Europeia lhes poderá responder com eficácia. Nesse sentido, será fundamental, desde logo, reforçar a articulação inter-pilares e melhorar os mecanismos práticos de coordenação global e integrada de modo a conseguir maior consistência e maior coerência na acção externa. Apesar da sua complementaridade de acção no terreno, as esferas, por exemplo, da Segurança e do Desenvolvimento, estão divididas entre dois dos pilares da construção europeia: o pilar comunitário, da responsabilidade da Comissão, e o pilar da Política Externa de Segurança e de Segurança Comum (PESC), da responsabilidade do Conselho e dos Estados membros. E é por isso que deverá ser posta a tónica no reforço da articulação e coordenação interna da União Europeia, quer ao nível das instituições europeias com competência em matérias de Segurança e Desenvolvimento – o Conselho e a Comissão –, quer ao nível da coordenação entre as políticas desenvolvidas pelos Estados-membros.

Por outro lado, será indispensável não só aproximar as comunidades políticas dos objectivos da Segurança e Defesa europeia, como, também, melhorar o controlo democrático do instrumento militar à disposição da União Europeia. Uma função até agora, essencialmente, desempenhada pela Assembleia Parlamentar da União da Europa Ocidental, agora extinta, e que, após a aprovação do Tratado de Lisboa, sem prejuízo das competências do Parlamento Europeu, deveria traduzir-se numa responsabilidade reforçada dos Parlamentos nacionais.

Em segundo lugar, a adaptação no plano conceptual. Isto é, a constante actualização da Estratégia de Segurança Europeia. Nesse sentido, será necessário que a União reconheça e enfrente os novos desafios e os novos riscos, tendo em conta, não só, o actual contexto internacional mas, também, a afirmação da União Europeia como actor que partilha responsabilidades na segurança internacional. Ao nível dos desafios, a União não poderá excluir a importância da relação com a Rússia e com as novas potências

82

Portugal-Europa. 25 anos de adesão

emergentes, como a Índia, a China e o Brasil, bem como as questões relacionadas com a globalização e a transnacionalização da cena internacional. Ao nível dos riscos, para além daqueles já identificados na Estratégia de Segurança Europeia, será importante considerá-los no quadro de um conceito de segurança alargado que integre desde a segurança energética à segurança marítima, da segurança alimentar à ciber-segurança; assim como os riscos decorrentes das alterações climáticas, as catástrofes naturais e as pandemias.

Ainda no domínio conceptual ou até doutrinário, será necessário definir as regras e os quadros de intervenção militar, designadamente, em teatros de risco. Não pode ignorar-se que o sistema internacional é marcado pela incerteza e imprevisibilidade das ameaças e riscos e que as solicitações para a intervenção internacional da União Europeia, de carácter civil ou militar, são crescentes. E se isto é já, hoje, verdade, sê-lo-á no futuro por maioria de razão, já que a possibilidade dos cenários de intervenção se alargou com a introdução, pelo Tratado de Lisboa, das cláusulas de defesa mútua e solidariedade entre os Estados-membros.

Para além disso, a UE tem a obrigação de assumir e tem assumido, responsabilidades crescentes na Segurança e Defesa, não só dentro das suas fronteiras, em território europeu, mas também na produção de estabilidade na designada "vizinhança próxima", em particular em África e no Mediterrâneo. Como tal, não pode depender exclusivamente da capacidade militar da Aliança Atlântica, o que aliás implicaria negar as suas próprias responsabilidades de defesa. Nesta matéria, é necessário afirmar as intenções com clareza: não se trata de rivalizar com a Aliança Atlântica, pelo contrário, trata-se de dispor de capacidade para agir, de forma complementar, mas autónoma, como aliado útil e credível na produção de estabilidade e segurança no sistema internacional.

Em terceiro lugar, a adaptação no plano das capacidades. Falar na Europa da Defesa é falar no desenvolvimento de capacidades militares autónomas, credíveis, adaptadas e edificadas, tendo em consideração os requisitos do novo ambiente estratégico internacional.

Perante os desafios que se colocam à UE será necessário aprofundar a capacidade de resposta rápida europeia em situações de crise em três vertentes: a constituição de *Battle Groups* nas suas três dimensões – terrestre, aérea e naval; o reforço da capacidade autónoma de planeamento e condução de operações; e a criação de uma base industrial de defesa europeia. Neste sentido, e porque o domínio aéroespacial e da defesa ficaram de fora do mercado único nos sucessivos tratados, será necessário um mecanismo intergovernamental que promova a harmonização das necessidades militares, criando as economias de escala fundamentais à sustentação de uma base comum de indústrias de Defesa entre o Estados-membros da UE. É este o papel central da Agência Europeia de Defesa (EDA).

No que diz respeito ao desenvolvimento de capacidades europeias, o caminho a seguir passa por três grandes orientações: em primeiro lugar, o desenvolvimento de capacidades, tendo em consideração os mecanismos de resposta rápida europeia; em segundo lugar, o desenvolvimento de capacidades que permitam a realização de operações mais exigentes; e, em terceiro lugar, a promoção de projectos no quadro da Agência Europeia de Defesa.

O objectivo final deste esforço, que deve ser conjunto a todos os Estados-membros, é a criação de um mercado europeu de defesa competitivo e eficaz.

Finalmente, a adaptação no plano operacional. A União Europeia tem tido um papel crescente em missões de prevenção, gestão e resolução de conflitos, nomeadamente no continente africano. Trata-se de missões que, para além da componente militar, incluem uma vertente civil, e que abrangem diversos instrumentos do Estado como sejam as Forças Armadas, as Forças de Segurança, os sistemas judiciais e a ajuda ao desenvolvimento. Dito de outra forma, trata-se de promover, de forma integrada, as vertentes da Segurança, da Construção do Estado e do Desenvolvimento. Este aperfeiçoamento poderá ocorrer em dois planos: em primeiro lugar, através da promoção de um conhecimento comum e integrado sobre áreas em que a segurança, e o desenvolvimento e a construção do Estado podem trabalhar em conjunto, em particular, através da melhoria dos mecanismos de comunicação e informação; e, em segundo lugar, através da criação de equipas multidisciplinares – que incluam representantes das áreas da Defesa, do Desenvolvimento, da Justiça e Assuntos Internos, Administração Pública, entre outros – que promovam a adopção de uma estratégia integrada que oriente a acção externa da União Europeia.

Por outro lado, será necessário caminhar no sentido da melhoria do produto operacional das forças militares europeias. Em particular, é fundamental aumentar a percentagem de forças projectáveis, face ao total de efectivos, assim como reforçar a sua capacidade de sustentação no exterior, procurando promover a criação de forças mais pequenas, mais flexíveis, mas mais expedicionárias e assentes em forças conjuntas e combinadas. É este o caminho que tem sido seguido nos processos de modernização das Forças Armadas dos diversos países europeus. E é este o caminho que a União deverá seguir.

Finalmente, mas não menos importante, será fundamental repensar e adaptar os mecanismos de financiamento da PCSD às necessidades decor-

Portugal-Europa. 25 anos de adesão

rentes das situações de crise internacional, em particular as que exigem uma resposta rápida. Os custos com as missões PCSD, civis e militares, devem ser assumidos pelos Estados-membros, da mesma forma que o são as responsabilidades na produção de segurança internacional.

3. A Defesa europeia, a relação transatlântica e novo conceito estratégico da NATO

A Aliança Atlântica e a União Europeia são os dois pilares fundamentais da ordem multilateral de segurança e defesa. Neste sentido, os desenvolvimentos no quadro da PCSD deverão fazer-se em coordenação e complementaridade com o papel que a NATO ocupa na segurança e defesa da Europa. Devem, por isso, ser encontradas as formas institucionais para articular, em permanência, as suas prioridades, coordenar as suas missões e rentabilizar as suas capacidades e meios no domínio da segurança e da defesa. Não para rivalizar, mas para que se possam constituir como aliados úteis e credíveis.

O papel da defesa europeia no sistema de segurança internacional não deve ser nem de rivalidade, nem de subsidiariedade, em relação à NATO. Deve ser sim e, inequivocamente, de complementaridade. É este o espírito em que se baseiam os Acordos "Berlin Plus" – que estão na base da parceria estratégica entre a UE e a NATO – e deve ser este o espírito que norteia os Estados-membros da União e da Aliança Atlântica.

O quadro estratégico das relações entre a Aliança Atlântica e a União Europeia, no domínio da segurança, defesa e gestão crises, deve ser mais definido e mais reforçado. É certo que há uma cooperação concreta entre as duas instituições. Mas, mais do que isso, é necessária uma visão estratégica comum, sem a qual a complementaridade entre a Aliança Atlântica e a União Europeia no domínio da segurança e defesa não se pode estruturar de uma forma estável e permanente. Este deve constituir um objectivo a alcançar no contexto do relacionamento transatlântico. E este é o bom momento para o fazer. A revisão do conceito estratégico da NATO é, a este título, uma oportunidade tanto para a Europa como para os Estados Unidos, para reforçar a parceria estratégica entre a União Europeia e a NATO.

A União Europeia, enquanto tal, não tomou uma posição oficial sobre o novo conceito estratégico na NATO. Tomaram-na os seus Estados Membros, o que é já por si, politicamente, significativo. Mas, apesar disso, a União Europeia não é, nem pode ficar indiferente a esse facto, porque o desenvolvimento da PCSD terá que fazer-se em coordenação e complementaridade com a NATO e o seu conceito estratégico.

Os desafios da Defesa Europeia: do Tratado de Lisboa ao novo conceito...

São três as questões centrais do novo conceito estratégico da Aliança, todas elas, com implicações para a União Europeia e a PCSD.

A primeira questão que se coloca, que é a questão crucial da Aliança, é a da sua identidade.

Durante a guerra fria não houve qualquer dúvida sobre a identidade da Aliança. Era uma aliança de defesa colectiva do mundo ocidental, circunscrito ao espaço, euro atlântico, e contra a ameaça soviética. O artigo V era a sua razão de ser e o seu sentido.

Depois da guerra fria a Aliança continuou a ser responsável pela defesa europeia, agora, alargada aos novos membros, mas passou a desempenhar, simultaneamente, um outro papel e uma outra funcionalidade internacional: a de garante da estabilidade fora da sua área regional. A Aliança passou a ser também um "security provider". Foi isso que aconteceu nos Balcãs, na primeira década do pós guerra fria, e foi isso que aconteceu no Afeganistão, na segunda década do pós guerra fria. Ora, foi esse duplo papel que trouxe à Aliança uma crise de identidade que terá que resolver.

Quer a NATO ser uma aliança regional de defesa colectiva, ou quer a NATO ser uma organização de segurança global?

A defesa colectiva continua a ser o fundamento central da Aliança. E, no actual ambiente estratégico, continua a ser fundamental a garantia de defesa colectiva contra uma agressão externa ao próprio espaço euro atlântico. Assim como a credibilidade dessa garantia continua a assentar na unidade e na indivisibilidade do espaço euro atlântico, inscrita no art. V do Tratado de Washington.

Por outro lado, a ideia da NATO polícia do mundo, percepcionada fora da sua área regional como braço armado da hegemonia do ocidente, está, hoje, manifestamente desadequada ao sistema internacional e ao ambiente estratégico. Ora, tudo isso aconselha a NATO a concentrar-se, primordialmente, na defesa colectiva a recentrar-se na área tradicional euro atlântica.

Mas é claro que a segurança é, hoje, global e as ameaças e riscos são de natureza transnacional. Como é, hoje, claro que a vitória na guerra fria implicou para a NATO a assumpção de um compromisso na produção de segurança internacional que não pode, de um momento para o outro, pura e simplesmente abandonar.

Significa isto que terá que continuar a assumir essa responsabilidade na segurança global, mas terá que a reequacionar de um modo diverso e muito criterioso: primeiro, apenas e só, quando estiver em causa a estabilidade da ordem internacional; segundo, sem se substituir ou sobrepor às responsabilidades de segurança das potencias regionais; e terceiro, quando

86

Portugal-Europa. 25 anos de adesão

tiver que o fazer, procurando as parcerias adequadas com os actores regionais da áreas estratégicas em que intervém.

Em suma, para responder à questão da identidade: aliança regional de defesa colectiva ou organização de segurança global?, responderia: uma Aliança regional de defesa colectiva com responsabilidades de segurança internacional.

A segunda questão decorre, em boa medida, da primeira e é a questão das missões da Aliança:

Deve a Aliança desempenhar apenas as tradicionais missões de natureza militar ou de hard security ou deve, pelo contrário, a Aliança desempenhar também outras missões de soft security ou até de natureza civil?

Deve desempenhar aquelas que a divisão do trabalho estratégico considere as necessárias mas, sobretudo, as que esteja em melhores condições para desempenhar.

Ora, dada a natureza holística dos conflitos actuais, neles coexistem, simultaneamente, as múltiplas dimensões: a segurança, a reconstrução e desenvolvimento; e, muitas vezes, a própria construção das instituições e do estado e das instituições. E neste sentido, as missões internacionais para terem sucesso têm, obrigatoriamente, que ter uma estratégia global e integrada.

Neste quadro é natural que a NATO desempenhe a função para a qual tem "expertise" e que constitui, de resto, a sua vantagem comparativa em relação a outras organizações: a do instrumento militar. Mas o instrumento militar não pode actuar de forma isolada e de modo autónomo. Deve actuar no quadro de uma estratégia política global. E isso permite um duplo objectivo: primeiro, que o uso da força se faça no respeito pelos princípios da legalidade internacional e da segurança humana; segundo, que o instrumento militar actue de modo articulado com os outros instrumentos, a ajuda ao desenvolvimento ou o *state building* para os objectivos políticos da estratégia global.

Em suma, para responder à questão das missões da Aliança responderia: uma aliança militar ao serviço de uma estratégia política global.

A terceira questão decorre das duas primeiras e é a questão das parcerias.

Se por um lado, a NATO for uma aliança regional com responsabilidades internacionais e, por outro, um instrumento militar no quadro de uma estratégia política global, isso significa duas coisas: primeiro, que a NATO não pode estar em todo o mundo; segundo, que não pode fazer todas as missões. Mas pode e deve contribuir para esses objectivos. Como? Definindo parcerias num quadro de segurança cooperativa.

Os desafios da Defesa Europeia: do Tratado de Lisboa ao novo conceito...

Caso a caso, quando a estabilidade internacional estiver em causa e escolhendo, criteriosamente, os parceiros regionais em cada uma das áreas estratégicas.

Com essas parcerias de segurança cooperativa, a NATO poderá assumir as suas responsabilidades na segurança internacional sem funcionar como polícia do mundo e, sobretudo, aparecendo como um instrumento militar legítimo e não como braço aramado de uma qualquer hegemonia.

Claro está que, na escolha dos parceiros regionais, a identidade de valores e de princípios deve ser um critério fundamental: as democracias e os actores internacionais que respeitem os princípios da segurança humana.

Mas se estes parceiros são ocasionais e dependem da conjuntura estratégica, há um parceiro que é permanente e estrutural, porque constitutivo do fundamento da aliança que é a comunidade de segurança transatlântica.

A NATO poderá ter múltiplos parceiros, mas só tem um, único, parceiro estratégico: a União Europeia.

Adriano Moreira

A Integração de Portugal na Europa

Universidade Técnica de Lisboa

Adriano Moreira é Presidente do Conselho Geral da Universidade Técnica de Lisboa, Professor Emérito da Universidade Técnica de Lisboa e Vice-Presidente da Academia das Ciências de Lisboa. É autor, entre outras, das seguintes publicações: *A Espuma do Tempo – Memórias do Tempo de Vésperas*, Coimbra, 2008; *Teoria das Relações Internacionais*, 6ª ed., Coimbra, Almedina, 2008; *Ciência Política*, 4ª edição, Almedina, Coimbra, 2009; *A Europa em Formação*, Instituto Superior de Ciências Sociais e Políticas, Lisboa, 2004; *A Circunstância,* Lisboa, Diário de Bordo, 2009.

1. Tornou-se comum, depois da Revolução de Abril de 1974, considerar que esta marcou a viragem de Portugal para as estruturas e problemáticas europeias, ponto final de um passado consagrado à expansão marítima e imperial. Talvez seja mais rigoroso entender que o trajecto português nunca foi divergente do trajecto europeu, que foi na Europa católica que o Reino em formação procurou apoio, quer na Santa Sé, quer nas alianças matrimoniais, quer no movimento das Cruzadas.

Depois, quando as soberanias europeias, sobretudo da frente marítima atlântica, também encaminharam as suas políticas para a expansão imperial, Portugal, que iniciara o processo, foi parte do mundializado Império Euro-mundista que entrou em extinção com as chamadas guerras mundiais, a mais severa delas sendo a de 1939-1945, pelo que o 25 de Abril de 1974 aquilo que marcou, com o fim da guerra colonial, foi a extinção do conceito estratégico secular, de algum modo ponto final do participado Império Euromundista. A necessidade de acompanhar esse movimento, ao qual uma concepção extremista de nacionalismo opunha o conceito dos *orgulhosamente sós*, tinha sido pressentida e anunciada, mas a decisão militar antecipou qualquer eventual decisão política no sentido de acompanhar a racionalidade da retirada das soberanias coloniais europeias, algumas delas com pesados custos humanos. Nessa data, Portugal era já membro fundador da NATO, e teve experiência, sobre a orientação de Correia de Oliveira, de pertencer à EFTA. Tratava-se agora de acompanhar o novo conceito europeu, não se tratava de regressar à Europa.

2. Talvez a aproximação entre a visão humanista de Giovanni Pico Della Mirandola (1463-1494), cujo *L'Heptaplus* terminou de escrever em 1489, e o texto de Lutero de 1512, denunciando os vícios do Vaticano, possa servir de referência à final separação total da Igreja e do Estado, à formulação da *soberania* como ponto de partida para a renovação da estrutura europeia, e depois, no declínio das guerras civis chamadas mundiais, e travadas durante o século XX, à evolução para um *regionalismo* de nova espécie, em curso.

O primeiro, Mirandola, afirmou que "o Supremo Arquitecto escolheu o homem, criatura de uma natureza imprecisa, e, colocando-o no centro do mundo, dirigiu-se-lhe nestes termos: "... pelo teu poder, poderás, graças ao discernimento da tua alma, renascer nas formas mais altas, que são divinas".[1]

---

[1] In *Memoires de l'Europe*, Paris, Laffont, 1971, t. II, pag. 161.

Portugal-Europa. 25 anos de adesão

O segundo, rompendo estrondosamente com os desvios romanos, concluía: "Apenas será padre, apenas será verdadeiramente pastor, aquele que, pregando ao povo o verbo da Verdade, se tornará o Anjo anunciador do Deus dos Exércitos e o arauto da Divindade".[2]

As guerras de Religião, frequentemente longe do Verbo, que devastaram a Europa entre 1559 e 1660, e em que se destacaram Carlos V, rancisco I de França, Richelieu e Mazarin, Cromwel, Gustavo-Adolfo, holandeses, catalães, portugueses, napolitanos, conduziram aos Tratados de Wersfália, nome pelo qual ficaram conhecidos o Tratado de Munster de 14 de Outubro, e o Tratado de Osnabruck de 24 do mesmo mês, e ano de 1648, que seriam chamados *Carta Constitucional da Europa*: de facto "consagraram definitivamente a dupla derrota do Imperador e do Papa, legalizaram formalmente o nascimento dos novos Estados soberanos e a nova carta política da Europa dai resultante".[3]

3. Se até então os Estados procuraram tornar superlativa a sua dignidade pela referência aos valores religiosos, agora o valor da *soberania* iria progressivamente ganhar definição, efectividade, e função. Os Estados, ainda que conservando-os, deixaram de invocar os títulos com que pretendiam fazer reconhecer um lugar honroso na hierarquia internacional: os imperadores e reis reclamaram o título de *Majestade*, e na versão inglesa, os Grão-Duques intitularam-se *Royal Highness*, os Duques tratavam-se por *Highness*, e variados senhores por *Serene Highness*.

Mas enquanto esses títulos apontavam para a hierarquia do poder que pretendiam ver reconhecido, a ligação à Igreja Católica relacionava-os em primeiro lugar com a legitimidade histórica: o Papa seria para sempre tratado por Vossa Santidade (Sanctitas), e, por sua concessão, o Rei de França intitulava-se *Rex Christianissimus*, o Rei de Espanha era desde 1496 chamado *Rex Catholicus*, o Rei da Inglaterra, até à separação de Roma, *Defensor Fidei*, o Rei de Portugal, desde 1748, *Rex Fidelissimus*, e o Rei da Hungria, desde 1758, *Rex Apostolicus*.[4]

---

[2] In Lucien Febre, *Un Destin, Martin Luther*, Paris, 1952, pag. 51.

[3] Nguyen Quoc Dinh, Patrick Doaillier, Alain Pellet, *Direito Internacional Público*, Fundação Gulbenkian, 1999, pag. 44. Gaston Zeller, *Les Temps Modernes*, Tomo II da *Histoire des Relations Internationales*, dirigida por Pierres Renouvin, Hachette, Paris, 1953, Capitulo X. Arthur Nussbaum, *Histoire del Derecho Internacional*, Revista de Derecho Privado, Madrid, 1947, Capitulo IV.

[4] Oppenheim's International Law, H. La Lauterpacht, M. A., LL. D., Londres, I vol. 1948, pg. 250, nota (1).

A integração de Portugal na Europa

Esta variação entre a referência ao *poder* e a referência à *dignidade*, evolucionaria a favor da hierarquia do poder efectivo, também referenciada por títulos reclamados, como os de *Serena Republica* de Veneza e Génova, ou o excessivo *Most Serene Republic* de S. Marino, mas outros com maior importância e significado, com o título de Imperador assumido pelo Rei da Prússia em 1871, o de Imperatriz da Índia assumido pela Rainha Vitória de Inglaterra em 1877, uma prática que recebeu acolhimento em função do peso do Estado na balança de poderes.

A Europa de Luís XIV de França, de acordo com a visão que nos deixou nas Memórias, foi de expectativa quanto à evolução do modelo europeu com o *paradigma do poder* a servir de referência fundamental. Quando, pelo fim do século e da sua vida, decidiu legar a sua experiência ao sucessor, fez uma descrição da situação da Europa, que definia por enumeração de poderes, tranquilo quanto à Espanha fragilizada e ocupada com a revolução portuguesa de 1640, sem inquietação quanto ao Imperador fragilizado pelas reivindicações dos Estados alemães, a Suécia lembrando a perda do seu Rei, a Dinamarca e a Inglaterra enfraquecidas pelo difícil recente passado. Mas o que parece mais significativo, no que toca à mudança de paradigma então em curso, são os comentários referentes à Santa Sé: "o Papa, isolado em Itália, e por um resto de inimizade para com o Cardeal Mazarino, conserva suficiente má vontade contra os Franceses, mas apenas me criaria os embaraços que dependessem de si, o que era coisa de pouca monta".[5]

4. Aquilo que vai desenvolver-se, no plano da política, é o sistema da *balança de poderes*, com a França dominante entre 1660 e 1740, com a Inglaterra a assumir a supremacia dos mares durante o século dezoito. Enquanto crescia a rivalidade austro-prussiana e a Rússia crescia de protagonismo, a Enciclopédia consagrava a ciência experimental, os grandes pensadores como Montesquieu (1689-1755), Voltaire (1694-1778), Rousseau (1712-1778), Diderot (1713-1784) marcavam o chamado *Século das Luzes*, notando que "Newton apareceu, e foi o primeiro a mostrar o que os seus antecessores tinham apenas entrevisto", e subscrevendo o citadíssimo conceito de Madame de Lambert: "filosofar, é restituir à razão toda a sua dignidade e fazê-la anunciar os seus direitos: é sacudir o jugo da tradição e da autoridade".[6]

---

[5] Luís XIV, *Memoires pour l'année 1661 (rédigés ver 1670, dans Memoires et Divers Écrites)*, Bernard Champigneulle, Paris, 1960, pg. 7.

[6] Artigo *Expérimental*, na *Encyclopedia*, VI, 1756, Paris, pg. 298. Sobre a evolução da sociedade civil, dos seus usos e costumes, Peter Brown et all (directores),

94

Portugal-Europa. 25 anos de adesão

Tomando por referência a Constituição Civil do Clero de 1790, aprovada pela França revolucionária, recentemente D. Manuel Clemente sintetizou assim o ambiente: "quis substituir na alma das gentes a fé cristã pelo novo culto da humanidade racional e progressiva. Atacou todas as tradições que enquadravam o viver cristão: o calendário gregoriano foi substituído pelo da Revolução, a semana e o Domingo, substituídos pela divisão do mês em três décadas com feriados civis a demarcá-las; as festas litúrgicas deram lugar às cívicas, culminando-se com a inauguração na própria catedral de Paris, em Novembro de 1793, do culto da razão divinizada. Foi o tempo do Terror, que, na perseguição, no degredo e no assassínio puro e simples, dizimou os refractários à Constituição Civil do Clero, e não poupou a própria Igreja Constitucional.[7]

De então em diante, como referência, é o *poder político*, na versão da *soberania* que viria a ser chamada *nacional*, ou na *versão imperial* referida a um *Directório* de que Napoleão fez logo o exercício, ou visando o *equilíbrio* obtido pela *balança de poderes*, que dominará o futuro dos europeus. A Revolução apontou para a construção de um sistema de Estados, independentes no conceito mas desiguais nos factos, tendendo para as sociedades civis de iguais.[8]

5. Como vimos, a *soberania* foi o valor supremo da reformulação da ordem europeia, definitivamente orientada pela separação das duas faces da moeda que mostraram, em desafio, a Cristo. Foi Blackstone quem escreveu que *"there is and must be in every state a supreme, irresistible, absolute, and uncontrolled authority, in wich the right of sovereignty resides"* (*Commentaries on the laws of England*, 1765-70), dando assim autoridade científica à doutrinação de Bodin, Hobbs, Rousseau, Hegel, sem esquecer o sempre presente *Príncipe* de Maquiavel, que se ocupou do *poder* sem adjectivos paliativos, e do qual se socorreu J. J. Fichte, o dos diálogos patrióticos, do *Discurso à Nação Alemã*, e que mereceu ele a atenção do outro

---

Histoire de la Vie Privée, Editions du Seuil, Paris, 1985, sobretudo 4.º Volume, que se ocupa do período que vai da Revolução Francesa à Primeira Guerra Mundial.

[7] Manuel Clemente (Bispo do Porto), *A Igreja no Tempo, História Breve da Igreja Católica*, Grifo, Lisboa, 3.ª ed., 2010, pg. 97 e sgts.

[8] Talvez deva conciderar-se Léon Tolstöi, *Guerre et Paix*, Galimard, Paris, 1952, como o crítico mais lúcido de Napoleão e que mais cedo surpreendeu o nascimento do sentimento nacional na Rússia.

jovem e então desconhecido oficial, Carl von Clausewitz, o futuro clássico da teoria da guerra.[9]

Este conceito de *soberania* é a pedra fundamental a partir do qual tem de avaliar-se a criação, evolução, e futuros possíveis da União Europeia. Conceitualmente tem duas faces, uma interna e outra externa. Do ponto de vista externo, trata-se de uma comunidade humana que tem um território, uma população, e um governo que se apresenta com independência, o que nos tempos modernos resultou em geral do desmembramento de impérios, e daqui, como é repetidamente notado, o adágio segundo o qual – *o rei é imperador no seu reino.*[10]

O direito internacional *reconhece* o facto da efectiva jurisdição sobre um território e povo, por parte de um poder que se relaciona *directamente* com esse sistema jurídico internacional, e que uns vêem (Hobbes) como instituição protectora da sociedade contra a violência interna e externa, e outros (Rousseau) como sobretudo concretização de uma ordem social e política. Na ordem interna, a soberania é um poder supremo sobre a socie-dade civil, devendo, no Estado de Direito, coincidir a *capacidade* com a *legitimidade*, um tema que muito deve a John Austin.

Segundo a concepção ocidental, o elemento população é essencial para a existência do Estado, que pode ser um *Estado liliputiano*, como ainda existem na Europa, designadamente o Mónaco ou a República de S. Marino. É a existência destes micro-Estados que torna evidente que a *igualdade dos Estados* não corresponde sempre à efectiva igualdade de *poder*, quer nas relações bilaterais, quer nas organizações internacionais, pelo que a salva-guarda da chamada *jurisdição interna* foi uma defesa fundamental no sen-

---

[9] J. J. Fichte, *Machiavel et autres écrits philosophiques et politiques de 1806--1807*, Payot, Paris, 1985. Nessa publicação está a *Lettre de Clausewitz à Fichte sur le Machiavel*, Annexe II, pg. 196.

[10] Nguyen, cit., pg 374 e sgts. Celso D. de Albuquerque Mello, Direito Interna-cional Público, Livraria Freitas Bastos S. A., Rio de Janeiro, 1974, 1° vol., pg. 32 e sgts. M. Claude – Albert Colliard, *Cours de Droit International Public*, Les Cours de Droit, Paris, 1974-1975 (pol.), sobre a heterogeneidade dos Estados, pg. 7. M. Philippe Manin, *Cours de Droit International Publique*, Les Cours de Droit, Paris, 1973-1974 (pol.), sobre o estatuto internacional do Estado, pg. 252. Michel Akehurst, *Introduccion al derecho internacional*, Aliança Editorial, Madrid, 1979, sobre a distinção entre Estados e Governos, pg. 75 e sgts. Tem actualidade, Adriano Antero, *O Direito Internacional*, Imprensa Portuguesa, Porto, 1924, pg. 49 e sgts., e ainda, por memória, *Lições de Direito Internacional*, proferidas pelo Prof. Doutor Rocha Saraiva, recolhidas no ano lectivo de 1943-1944, pelo aluno Vicente Loff, Separata do Boletim n° 36-2009 da Academia Internacional da Cultura Portuguesa.

Portugal-Europa. 25 anos de adesão

tido de a igualdade ser respeitada. A *população* não é necessariamente uma *nação*, embora a relação desta com um Estado fosse um dos 18 Pontos de Willson depois da guerra de 1914-1918, e sendo hoje um problema complexo em resultado dos descontrolos das migrações.[11]

6. A literatura ocidental adoptou um conceito integrador deste complexo de soberanias, com a designação de *comunidade internacional*. É uma questão independente da questão de reconhecer a existência de outros sujeitos do direito internacional, hoje muito actual, mas que não são Estados, ou são Estados contestados por parte da doutrina, como o Vaticano.

Trata-se antes de saber se a comunidade internacional tem *personalidade jurídica*, sendo progressivamente admitida a evolução no sentido afirmativo, mas com a dificuldade de organizar a sua capacidade de exercer direitos e obrigações, e designadamente de ter legitimidade perante as jurisdições internacionais.[12]

O avanço dos conceitos de *património comum da humanidade*, de *crimes contra a humanidade*, de *segurança global*, de *direito-dever de intervenção*, que, entre outros, desafiam a regulação do globalismo, são marcantes da conjuntura da passagem para o terceiro milénio. Mas até à crise do Euromundo, que vamos referir, a questão da imperatividade do direito internacional era questionada em termos de colocar em dúvida a sua verdadeira natureza jurídica.

O que sobressai desse tema, à medida que se multiplicam as organizações que exercem direitos em benefício da comunidade internacional, é, supomos, o *paradigma ocidental*, referência secular, e mestiça, daquela comunidade: *um conjunto de valores cobertos pelo civismo, herança romana, mais os valores do cristianismo, a contaminação pelos nórdicos, pelos muçulmanos, e povos encontrados, um sentimento de superioridade e vontade de poder.*

---

[11] F. Jean, *Refugiés de guerre: un defit pour l'occident*, Politique Internationale, nº 60, Paris, 1993. HCR, *Les refugiés dans le monde. Les personnes deplacées*, La Découverte, Paris, 1997. J. – C. Chasteland, J. – C. Chesnais (dirs.), *La population du monde, enjeux et problémes*, INED/PUF, Paris, 1997. PNUD, Relatório do Desenvolvimento Humano, 2004, *Liberdade Cultural num Mundo diversificado*. Academia Internacional da Cultura Portuguesa, *Estudos sobre a Globalização da Sociedade Civil*, Lisboa, 2008, Separata do Boletim nº 34-2007.

[12] Parecer do T. I. J., sobre Reparação de prejuízos, Rec., 1949, pg. 179. J. A. Barberis, *Nouvelles questions concernant la personalité juridique international*, R. C. A. D. I., vol. 179, pg. 145-285. A Convenção de Viena de 1969 definia o *jus cogens*

A integração de Portugal na Europa

Na conclusão de Marcel Merle, "que, na sua imensa maioria, filósofos, juristas e historiadores, tenham adoptado a mesma concepção de relações internacionais não pode ser considerada a fonte de uma comum cegueira".[13]

Esta, que podemos chamar a concepção clássica, seria violada pelos conflitos ideológicos que se acentuaram depois da implantação do sovietismo na URSS.

Mas o paradigma ocidental presidiu à expansão que, usando o modelo colonial, ou outras formas de imposição, submeteu o que, por vezes, chamou *resto do mundo*, no seu conceito de *universalismo*, que viria a ser desafiado pelo actual encontro, com voz própria, das várias culturas, um trajecto que Francois Jullien chamou "*do universal ao multiculturalismo*", assumindo quer a forma do diálogo, quer do confronto.[14]

7. O fim do conceito estratégico nacional em 1974, exigiu avaliar a secular necessidade de apoio externo, e a Europa em formação era a única escolha sem alternativa.

Mas essa Europa, na qual Portugal se integrou em 1986, quando foi admitido, com a Espanha, na então União Europeia, em vésperas da assina-

---

com o que é aceite "pela comunidade de Estados no seu conjunto". O espaço extra – atmosférico, pela Convenção de 1969, é "património de toda a Humanidade". A Convenção de Montego Bay de 1967, definia o fundo dos oceanos, que exceda as plataformas continentais, como parte do "património comum da humanidade". Os crimes internacionais são violações de "interesses fundamentais da humanidade". O *ambiente* é um desafio global.

[13] Marcel Merle, Sociologie des Relations Internationales, Dalloz, Paris, 1974, pg. 50. Acrescenta, lembrando antes Montesquieu (*les rapports qui derivent de la nature des choses*) que a hipótese baseada em *l'état de nature*, "não teria atravessado os séculos de Machiavel ou de Hobbes até Raymond Aron e J. – B. Duroselle, se não correspondesse, no essencial, à realidade dos factos" (pg. 50). Raymond Aron, *Paix et guerre entre les nations*, Calmann – Levy, Paris, 1968. Hans Morgenthau, Po*litics among Nations*, Nova York, Knopt, 1967. Georges Scalle, *Précis de Droit des gens*, Sirey, Paris, 1932. Hans kelsen, *Théorie du Droit international public*, Academie de Droit Internacional, la Haye, 1981.

[14] Francois Jullien, *O diálogo entre as culturas*, Zahar, Rio de Janeiro, 2010. Tem interesse a sua análise das diferenças entre o *universal*, o *uniforme*, e o *comum*. Um triangulo comentado, no Prefácio, por Danilo Marcondes, nestes termos: "a articulação desses três conceitos-chave e a distinção entre eles, por uma vez, devem ser pensados em contraste e na comparação com conceitos como "alteridade", o "singular", o "heterogéneo", pg. 9.

98
Portugal-Europa. 25 anos de adesão

tura do chamado Acto Único Europeu (Tratado de Bruxelas, Fevereiro, 1986), esta não era já a sede do poder político mundial, visto que entre 1945 e 1974 perdeu as colónias da Ásia e da África, estava dividida em duas Europas pelo Muro de Berlim, uma divisão imposta pelos Pactos Militares (NATO – VARSÓVIA), as democracias ocidentais enfrentavam as republicas submetidas ao sovietismo, até que em 1989 caiu o Muro de Berlim.

Esta adesão, que impediu a sovietização da metrópole portuguesa e contribuiu para a viabilização da adopção de um regime democrático, teve porém, e não apenas para o Estado Português, mudanças radicais em relação aos conceitos que tradicionalmente definiam o Estado de soberano.[15]

Em primeiro lugar, a *fronteira geográfica* evoluiu para *apontamento administrativo* em vista da livre circulação de pessoas, mercadorias, e capitais; a *fronteira económica* passou a ser a da União Europeia; a *fronteira de segurança* foi a da *NATO* em mudança de conceito; a fronteira económica, da União.[16]

Acompanhou toda a evolução até ao Tratado de Lisboa de 2010, mas com o eleitorado submetido a uma *política furtiva*, isto é, longe das informações, e do conhecimento das mudanças de relações entre *soberania clássica* e *soberania funcional* imposta pela evolução, e finalmente surpreendido pela brutal crise financeira e económica que atingiu severamente a imagem de *sociedade afluente* sustentadora de uma *sociedade de consumo*, e confirmando, pela experiência, que a *igualdade dos Estados* continua a ser desafiada pela hierarquia do poder efectivo, com o Estado português ameaçado de evoluir para *Estado exíguo*, isto é, sem capacidades suficientes para responder aos desafios do conceito antigo de Estado soberano, independente e capaz.

O Tratado de Lisboa, que sucedeu nominalmente ao projecto que o grupo de trabalho de Giscard d'Estaing chamou Constituição, e que mudou de nome sem mudar realmente de substância, aconteceu confuso numa época em que o sistema europeu deu mostras de insuficiência.

Entre as razões antecedentes da crise aguda de 2010, estão fundamentalmente três factos: fez sempre o *alargamento* sem estudos prévios de governabilidade; inclinou-se para a autonomia da segurança e defesa sem

---

[15] Adriano Moreira, *A Europa em Formação*, 4.ª edição, Almedina, Coimbra.

[16] Nuno Valério, *História da União Europeia*, Editorial Presença, Lisboa, 2010, é o mais recente, e excelente, estudo da evolução até ao Tratado de Lisboa, o último passo do caminho encetado pelo Tratado de Maastricht em 1993.

estudos prévios de *fronteiras amigas*; não cuidou da consistência do sistema financeiro mundial de que dependia sob liderança americana.

A falta de evidência da racionalidade da estrutura, no que toca às funções do Presidente do Conselho, ao estatuto da Alta Representante, à posição equivoca desta entre a origem (Conselho) da sua autoridade, e a secundarização da sua hierarquia na Comissão, não vaticinam uma rápida definição coerente das áreas de exercício. Tudo quando a crise financeira mundial atinge a totalidade dos países da União, quando a natureza furtiva da política anterior abre caminho ao regresso dos valores nacionalistas, quando a disfuncionalidade de poderes efectivos desfecha veleidades directoras (Alemanha, França, Itália, Inglaterra, Espanha), tudo contribui para acentuar a incerteza da época e a imprevisibilidade da evolução da conjuntura.

Esta conjuntura, quando estão presentes, nas memórias e nos efeitos, os desastres da administração republicana de Bush nos EUA, e as divergências entre os membros da NATO sobre as suas intervenções militares, fizera crescer um conflito entre o *americanismo* e o *europeísmo*, sem os EUA permitirem, pela herança recebida, que a doutrina Obama entre em cruzeiro de rotura, e sem que a União Europeia dê mostras de assumir a debilidade da Europa, dependente de matérias-primas, dependente de energias renováveis, dependente de reservas estratégicas alimentares.[17]

Tudo vai conduzindo a um *relativismo* que afecta o *tecido cultural* ocidental e europeu, que afecta o modelo da *sociedade da informação e do saber* pelo abandono da *sabedoria* dos valores, que faz do *mercado* uma teologia, que encaminha para a *fragilidade* das teorizações e da previsibilidade.[18] Dando por evidente que o Euromundo está findo, retomando nota

---

[17] Joám Evans Pim, Óscar Crespo Argibay, Bárbara Kristensen (eds.), *Essays on Atlantic Studies*, Instituto Galego de Estudos de Segurança Internacional e de Paz, Santiago de Compostela, 2006. Idem, *Paz e Segurança para o Século XXI*, Instituto Galego, II vol., 2006, pg. 55 e sgts. Edgar Morin, *Culture e Barbárie Europeias*, Piaget, 2007,sobre o activo e passivo do euromundo. Fareed Lakaria, *O mundo pós-americano*, Gradiva, Lisboa, 2007, sobre o declínio americano e a exigência de mudança da estratégia republicana. George Soros, *The Bubble of American Supremacy*, Public Affairs, N. Y., 2004, o famoso especulador que não foi surpreendido pelo desastre financeiro mundial.

[18] Barry Buzan, Charles Jones, Richard Little, *The logic of anarchy*, Columbia University Press, 1993. Robert Kagan, *O paraíso e o poder*, Gradiva, Lisboa, 2003, que antecipou a divergência grave entre o americanismo e o europeísmo. Contra o pessimismo, Maurice Bertrand, *La fin de l'Orde Militaire*, Presses de Sciences P0, Paris, 1996, uma previsão a lutar com os factos.

100
Portugal-Europa. 25 anos de adesão

do aviso de Toynebee de que o *resto do mundo* considera os ocidentais *os grandes agressores dos tempos modernos*, alguma meditação revisora do trajecto seguido parece oportuna, e alguma meditação aprofundada sobre a relação de Portugal com a sua circunstância se afigura urgente.

8. Em primeiro lugar vem a questão da evolução para *Estado exíguo* de que o país dá sinais, o que mais parece aprofundar a histórica necessidade de um apoio externo: a integração na Europa continua a ser a opção visível, o que significa que as contingências europeias serão inevitavelmente partilhadas, e que a perspectiva é de dificuldades para um prazo longo. Mas algumas referências positivas parecem exigir atenção, começando pela consideração do Ocidente como espaço maior de pertença, de todo contrário ao conflito separador entre europeísmo e americanismo.

Existem *janelas de liberdade*, a partir de uma exigência fundamental, que é a qualificação da população, tendo hoje por *padrão oficial* a Declaração de Bolonha, toscamente aplicada por um governo que não percebeu, ou não assumiu, que a *rede nacional* não é apenas a *rede pública*, nem que esta abrange o ensino militar, e que adoptou o ritmo acelerado da *fórmula do ritmo* 3+1 ou 3+2, sem acrescentar a *melodia* que se traduz no seguinte: as competências a instalar não se destinam ao espaço das antigas sagradas fronteiras nacionais, destinam-se a uma competição do Atlântico aos Urais, plataforma da competição global.

O rompante eliminou o sistema de avaliação que o mesmo governo tinha criado (CNAVES), e depois de comprar à OCDE um programa chamado inovador, deixou o país sem avaliação nos cinco anos que já incluem a maior crise financeira e económica de todos os tempos, com as consequências negativas que são conhecidas. E, todavia, a *qualificação* das pessoas é hoje a parcela mais importante da soberania *funcional* ou *cooperativa* dos países europeus.

Outra janela de liberdade é a *língua*, que não pode ser vista na convicção de que é universalmente condicionada pelo poder político, porque, espalhada por todas as latitudes, e identificadora de várias soberanias e comunidades, *a língua não é nossa, também é nossa*. Mas transportadora de valores, a língua portuguesa é das que melhor harmonização de contribuições conseguiu, e a maior exigência actual é tentar responder, com meios humanos e financeiros, às exigências de cada implantação: é diferente o caso do Brasil do caso de Timor, e entre estes dois extremos geográficos a variedade das circunstâncias exige, do ponto de vista político, um *conceito estratégico nacional*. A CPLP tem nela o mais sólido dos cimentos, que vai

A integração de Portugal na Europa

responder às capacidade e liberdade concedidas, designadamente, às Universidades, Politécnicos, e Academias.

Não pode duvidar-se de que a intervenção na União Europeia, para além da democratização do regime político e da europeização da sociedade civil, harmonizou o convívio entre os Estados fronteiriços, tradicionalmente, como historicamente aconteceu entre Portugal e Espanha, mais inimigos íntimos do que vizinhos.

Mas a liberdade de circulação, à qual se somou a clandestinidade e descontrolo das migrações, implicou desafios sérios para a identidade das sociedades civis dos europeus, e, pela falta de uma política de integração justa e eficaz, a criação de *multidões* ao lado das sociedades civis nacionais, o que ajudou a minar o *valor da confiança*, com risco experimentado para o regular funcionamento da democracia e para a paz civil.

Por outro lado, as transferências de competências para a União, em regime de *política furtiva*, e escassa intervenção dos Parlamentos Nacionais, fez com que os avanços da técnica e suas globais utilizações, em vez da *destruição construtiva* que sábios prometeram, tenha ficado pela primeira parte do conceito com o definhamento de realidades fundamentais, como a agricultura, o despovoamento da interioridade, diminuição inquietante da natalidade, emigração dos cérebros, evolução para Estado exíguo.[19]

Neste Ocidente, para além das *fronteiras de interesses* espalhadas pelo mundo, o Oceano Atlântico é um laço fundamental do núcleo da área cultural, que nesta data perdeu a capacidade hegemónica, enfrenta memórias históricas agressivas que a circundam, necessita de segurança, e de colocar os *diálogos das culturas* e das *políticas* no lugar das convicções do *fim da história*, da *indispensabilidade nacional*, e do *conflito armado*.

Portugal tem com o Mar os laços históricos, a situação geográfica, o património que é a plataforma continental, e os desafios da segurança do Atlântico Norte, da relação desta com a segurança do Atlântico Sul, da segurança do Mediterrâneo: se não responde ao Mar, o Mar vem ter com Portugal pela voz de instituições como a da Comissão Europeia para onde o Tratado de Lisboa transferiu a gestão dos recursos vivos desse Mar. Que a posse de uma Marinha armada para a segurança, de uma frota que volte a contribuir para a reserva alimentar, e de iniciativa que mantenha a favor dos portugueses os recursos da plataforma continental, estejam assumidas, é questão que está rodeada pela duvida resistente, designadamente pelo facto

---

[19] Adriano Moreira, *A Circunstância do Estado Exíguo*, Segurança e Defesa, Lisboa, 2010.

102

Portugal-Europa. 25 anos de adesão

de que nenhuma destas questões constou dos Programas dos partidos que disputaram as últimas eleições legislativas. O vazio não será consentido pela União Europeia, nem pelos países atlânticos.

9. Não é recente que o Ocidente seja objecto de definições e de inquietações quanto à sua decadência, embora também quanto às suas virtudes, e o livro de Spengler, traduzido com o título *A decadência do Ocidente*, cuja tiragem alcançou, em 1959, 140.000 exemplares o primeiro volume, e 118.000 o segundo, foi referência geral. Segundo comentadores, o título vinha adoptado desde 1912, e portanto não teria sido a derrota da Alemanha na guerra de 1914-1918, que ele parece ter esperado que a Alemanha vencesse, o facto determinante da meditação.

Procurava visionar o destino de uma cultura, considerada a única do nosso planeta a ter alcançado a sua plenitude, a saber, a cultura da Europa ocidental e das Américas, isto é, procurou antecipar o rumo que "a evolução tomará nas fases futuras". O conceito era que, mediante a experiência, o homem poderia orientar o sistema, sem, todavia, estar habilitado a prever exactamente as consequências que foram decorrentes da desordem interna dos ocidentais, a qual produziu a situação defensiva em que o Ocidente se encontra perante o resto do mundo.

Não foi o sentimento de superioridade civilizacional, a ideia de que se trata da única cultura do nosso planeta "a ter alcançado a sua plenitude" que vingou, tratou-se de uma supremacia político-militar cuja estrutura desabou e colocou o Ocidente numa situação global de defesa. É por isso que 1912 assinala uma visão do Ocidente, embora em decadência, que tem profunda distância das meditações exigidas sobre as consequências das guerras civis que foram as erradamente chamadas guerras mundiais.

Do que se trata agora, em primeira linha, é da urgente necessidade de reinventar estratégias defensivas do Ocidente, uma meditação a que o longo passado da guerra fria não parece ter dado suficiente sentido de responsabilidade e inspiração. Não obstante a aliança do Atlântico Norte, o facto é que a concepção da unidade entre a Europa em situação débil e os Estados Unidos garantes incertos de uma futura liberdade, não tem consistência suficiente, parecendo que o 11 de Setembro, a urgência da frente antiterrorista para enfrentar o desafio do fraco ao forte, e os erros do unilateralismo que ofuscaram a percepção da mudança, parecem exigir maior compreensão da unidade em risco, do que exigia a ameaça nuclear de meio século.

Nem a ideologia neoconservadora que enfraqueceu a urgência da percepção da unidade, nem as desmedidas ambições económicas e financeiras que ocuparam as preferências do numeroso grupo dos vendilhões do templo do século findo, diminuindo a autoridade da ONU e da Declaração Universal de Direitos do Homem, nem o complexo militar-industrial que inquietou Eisenhower nos seus últimos dias, expressam a identidade criativa dos ocidentais, embora façam parte do património que não pode ser recebido a benefício de inventário.

São antes a concepção da vida privada, a distinção entre a sociedade civil e o poder político, a noção da função servidora do Estado em relação à comunidade, a declaração dos direitos do homem e da igual dignidade de todos e cada um sem diferenças de etnias ou religião, o direito internacional, as liberdades que orientaram a aliança de 1939-1945, até a renúncia à hegemonia política mundial em favor da ordem pelo consentimento, que identificam a síntese ocidental e a parte com que contribuiu para o património imaterial da Humanidade.

As percepções dos ocidentais como dominadores do resto do mundo, segundo a expressão que divulgaram, serviram mais de premissa para que a decadência do Ocidente fosse obra dos seus demónios interiores, do que a presença dominadora que levou o resto do mundo a considerá-los os grandes agressores dos tempos modernos, como Toynebee vaticinou.

O futuro construído, grandemente diferente de todas as previsões, e o que os demónios interiores causaram, conduziu os ocidentais à condição de estarem obrigados a identificarem-se perante o mundo pelo património imaterial, a cuidarem da sua segurança sem falhas e não da sua agressividade sem limites, e finalmente a conseguirem colocar o diálogo no lugar do combate, o direito no lugar da força, e a ética na presidência da ordem mundial.[20]

---

[20] Adriano Moreira, *Uma profissão de fé no Ocidente, D. N., 27/04/2010.*

Resumos

Metamorfoses e Negociação na União Europeia
José Medeiros Ferreira

A República Portuguesa aderiu à Comunidade Europeia há 25 anos mas negoceia com ela há mais tempo. Desde os pressupostos do pedido de adesão em 1977 até aos nossos dias desenvolveu-se uma prática negocial que ainda não tem manual nem teoria.

Com efeito, a Comunidade Europeia tem vindo a dotar-se sucessivamente de novas formas e de novos diplomas. Desde o Acto Único de 1985, até ao mercado interno e ao mercado único, à UEM, ao Tratado de Maastricht em 1992, ao de Amesterdão em 1997, ao de Nice em 2001 e ao de Lisboa já em 2007, dir-se-ia que a EU perdeu o seu centro de gravidade e prossegue uma espécie de «revolução permanente» nos seus objectivos e métodos de decisão que não é favorável ao aumento da confiança entre os parceiros e faz de cada negociação um caso.

A República Portuguesa entrou na Comunidade Europeia no melhor período desta, mas depois do estabelecimento da zona euro, do grande alargamento a leste e da crise financeira internacional abriu-se uma fase de dificuldades no crescimento económico que é a actual. Como a resolver?

Palavras-Chave: Portugal; União Europeia; Negociação; Euro; Tratado de Lisboa.

Portugal e a Europa: agendar um reencontro?
José Reis

Tanto a construção europeia como a integração de portuguesa foram processos de indiscutível riqueza social e política. Mas é claro que a União Europeia e a nossa inserção nacional são hoje fonte de perplexidades. Limitada pelos preconceitos anti-federais, capturada pelas visões monetaristas da economia, tolhida por uma incapacidade orçamental que a reduz a uma entidade que apenas enuncia metas vagas, a União Europeia revela-se incapaz de promover as sustentabilidades que as sociedades do Século XXI requerem e de enfrentar uma crise que a diminui globalmente e a fragmenta internamente.

Não se trata de regressar a o início – trata-se de regressar aos fundamentos. E, em termos europeus, eles são os da invenção de um modelo económico tão inclusivo como o dos primeiros 30 anos da Europa, de um modelo social que gere novos padrões de capacitação dos cidadãos e de um modelo orçamental que lhe confira capacidade para desencadear a criação de riqueza e a sua repartição.

Palavras-chave: Orçamento europeu; modelo económico; modelo social; construção europeia.

Os Açores e o poder funcional de Portugal
Luís Andrade

O artigo tem como objectivo essencial analisar a relevância do arquipélago dos Açores no âmbito da política externa portuguesa, que é caracterizada por ser euro-atlântica.

Muito embora a União Europeia constitua uma vertente fundamental da nossa política externa, não podemos nem devemos esquecer a nossa dimensão atlântica, designadamente as relações com a América do Norte. Por outro lado, será, de igual modo, analisado, a implementação de uma Política Externa e de Segurança Comum por parte da União Europeia e as possíveis implicações no que diz respeito á Aliança Atlântica. Dar-se-á relevo, também, à necessidade de Portugal não esquecer a problemática que tem a ver com os PALOP e a segurança do Atlântico Sul.

Palavras-chave: Portugal; Açores; União Europeia; PESC; NATO

Autonomia Regional e Liberdade
25 Anos de Integração Europeia dos Açores
Carlos Amaral

O texto está organizado em dois momentos. No primeiro, a título preambular, propomos uma dupla visita panorâmica. Por um lado, ao impacto sobre os Açores da adesão portuguesa ao projecto europeu. Por outro, ao impacto sobre o próprio projecto europeu da adopção de medidas específicas para os Açores (bem como para a Madeira), designadamente em termos da *Europa das Regiões*. O segundo momento, de carácter analítico e prospectivo, propõe-se explorar, por um lado, o impacto do processo de integração europeia sobre as autonomias regionais e, por outro, os novos mecanismos que, designadamente com os tratados de Maastricht, Amesterdão e Lisboa, se abrem à desgovernamentalização do processo de construção europeia e à sua correlativa abertura às autonomias regionais. Atende--se, em particular, ao novo quadro conceptual exigido pela integração política europeia e pela globalização para o cumprimento da autonomia que deixa de poder ser perspectivada enquanto separação, garantida constitucionalmente, dos órgãos centrais de poder, para passar a exigir a integração e a participação das próprias regiões nos processos de tomada de decisão.

Palavras-chave: Açores; autonomia; liberdade; Europa das Regiões; proporcionalidade; subsidiariedade.

Os desafios da Defesa Europeia:
do Tratado de Lisboa ao novo conceito estratégico da NATO
NUNO SEVERIANO TEIXEIRA

Com o objectivo de identificar e analisar os desafios da Defesa Europeia depois do Tratado de Lisboa, a comunicação desenvolve-se em torno de três pontos fundamentais:

-em primeiro lugar, procura fazer o balanço de uma década de Política Europeia de Segurança e Defesa nos seus diferentes níveis: institucional, das capacidades, conceptual e operacional.

-em segundo lugar, analisa as principais transformações introduzidas pelo Tratado de Lisboa no sector da Defesa, para identificar os principais desafios que se colocam à Política Comum de Segurança e Defesa e as adaptações necessárias aos vários níveis.

-em terceiro lugar, finaliza com a análise do papel da Defesa Europeia no quadro da relação transatlântica.

Palavras-chave: Política Europeia de Segurança e Defesa; Política Comum de Segurança e Defesa; Tratado de Lisboa; União Europeia; Relação Transatlântica

A Integração de Portugal na Europa
ADRIANO MOREIRA

Portugal não regressou à Europa apenas com a Revolução de 1974. Portugal sempre acompanhou a Europa e por isso também no abandono do comum Império Euromundista, e encontrou na adesão à União Europeia o apoio internacional externo que sempre necessitou. Nesta data acompanha todas as dificuldades de uma Europa carente de matérias-primas, carente de energias renováveis, e carente de reservas estratégias alimentares. O objectivo participado deverá ser fortalecer a unidade do ocidente, rejeitar o conflito entre americanismo e europeísmo, e reorganizar o globalismo em paz.

Palavras-chave: Euromundismo; americanismo; europeísmo; plataforma continental; paradigma ocidental

Abstracts

Metamorphoses and Negotiation in the European Union
JOSÉ MEDEIROS FERREIRA

The Portuguese Republic joined the European Community 25 years ago, but it has been negotiating with it longer. From the early membership application initiated in 1977 to the present day, a negotiation practice, which has neither manual nor theory, has developed.

In effect, the European Community has furbished itself consecutively with new forms and pieces of legislation. Since the Single Act in 1985, until the internal market and the single market, the EMU, the Maastricht Treaty signed in 1992, the Amsterdam Treaty in 1997, the Nice Treaty in 2001 and the Lisbon Treaty in 2007, one can say that the EU lost its centre of gravity and has pursued a kind of "permanent revolution" of its goals and decision-making methods, which does not foster enhanced trust between partners and turns each negotiation into a case.

The Portuguese Republic joined the European Community in the Community's best moment, but after the inception of the Euro zone, the enlargement to the east and the international financial crisis the country is enduring a phase of economic hardship. How can it be overcome?

Key-words: Portugal; European Union; Negotiation; Euro; Lisbon Treaty.

Portugal and Europe: scheduling a reunion?
JOSÉ REIS

Both the construction of Europe and the Portuguese integration were –undeniably- socially and politically enriching processes. However, the European Union and the accession of our country are currently sources of much confusion. Constrained by anti-federal prejudice, seized by monetarist visions of the economy, trapped by budgetary limitations, which reduce it to an entity announcing merely vague objectives, the European Union reveals its incapacity to promote the sustainabilities that 21st century societies require to face a crisis that is globally diminishing and causes internal fragmentation.

It is not a question of coming back to the start, but rather of returning to basics. In European terms, the basics concerns inventing an economic model as inclusive as that of the first 30 years of Europe, a social model that generates new standards of citizen capacity-building and a budgetary model that endows it with the capacity to trigger the creation of wealth and the distribution thereof.

Key-words: European budget; economic model; social model; European construction.

The Azores and the functional power of Portugal
Luís Andrade

This paper envisages fundamentally analysing the importance of the Archipelago of the Azores within the scope of the Portuguese foreign policy, which is predominantly Euro-Atlantic in nature.

Although the European Union is an essential part of our foreign policy, we cannot nor should not forget our Atlantic dimension, namely the relations with North America. On the other hand, the paper also analyses the implementation of a common Foreign and Security policy of the European Union and possible implications for the Atlantic Alliance. It also focuses on Portugal's need to not forget matters concerning PALOP countries and security in the South Atlantic.

Key-words: Portugal; Azores; European Union; CFSP; NATO; Regional Autonomy and Freedom

25 Years of the European Integration of the Azores
Carlos Amaral

The paper is divided into two moments. In the first moment, in the likes of a preamble, we suggest a double panoramic approach. On the one hand, the impact on the Azores of the accession of Portugal to the European project. On the other, the impact on the European project itself of the specific measures for the Azores (and Madeira), namely under the Europe of Regions. The second moment, analytical and prospective in nature, proposes to analyse on the one hand the impact of the process of European integration on the regional autonomies and, on the other, the new mechanisms which, namely through the Treaties of Maastricht, Amsterdam and Lisbon, open up to the degovernmentalisation of the process of European construc-

Abstracts

tion and the corresponding opening up to the regional autonomies. It focuses particularly on the new conceptual framework required by the European political integration and the globalisation in view of the implementation of autonomy which is no longer envisaged as the separation of the central administration bodies, constitutionally enshrined, and comes to require the integration and participation of the regions in the decision-making processes.

Key-words: Azores; autonomy; freedom; Europe of the Regions; proportionality; subsidiarity.

The challenges of European defence: from the Treaty of Lisbon to NATO's new strategic concept
NUNO SEVERIANO TEIXEIRA

In view of identifying and analysing the challenges of European defence after the Lisbon Treaty, this paper focuses on three fundamental matters:
– First, is seeks to take stock of a decade of European Safety and Defence Policy at different levels: institutional, capacity, conceptual and operational.
– Second, it analyses the core changes to the defence sector by the Lisbon Treaty in order to identify the principal challenges that the Common Security and Defence Policy face and the adjustments required at the different levels.
– Third, it concludes with the analysis of the role of European Defence within the framework of trans-Atlantic relations.

Key-words: European Security and Defence Policy; Common Security and Defence Policy; Lisbon Treaty; European Union; Trans-Atlantic Relations

The Integration of Portugal in Europe
ADRIANO MOREIRA

Portugal did not return to Europe only after the Revolution of 1974. The country has always followed Europe, including when the common Euro-global Empire was abandoned, and found in the accession to the European Union the foreign international support it always needed. Currently, it accompanies a Europe in great need of raw materials, renewable energies and food reserve strategies. The shared goal must be to enhance the unity of the western world, to reject all conflict between Americanism and Europeanism, and to reorganise globalism in peace.

Key-words: Euro-globalism; Americanism; Europeanism; continental platform; western paradigm